实用写作教程

主　编◎梁　呐
副主编◎厉　梅
主　审◎田　芯

大连海事大学出版社
DALIAN MARITIME UNIVERSITY PRESS

图书在版编目(CIP)数据

实用写作教程 / 梁呐主编. — 大连 : 大连海事大
学出版社,2023.12
　ISBN 978-7-5632-4515-4

　Ⅰ. ①实… Ⅱ. ①梁… Ⅲ. ①汉语—写作—高等学校
—教材 Ⅳ. ①H15

　中国国家版本馆 CIP 数据核字(2023)第 252556 号

大连海事大学出版社出版

地址:大连市黄浦路523号 邮编:116026 电话:0411-84729665(营销部) 84729480(总编室)
http://press.dlmu.edu.cn E-mail:dmupress@dlmu.edu.cn

大连日升彩色印刷有限公司印装　　　　　　**大连海事大学出版社发行**

2023 年 12 月第 1 版	2023 年 12 月第 1 次印刷
幅面尺寸:184 mm×260 mm	印张:8.25
字数:199 千	印数:1~1000 册

出版人:刘明凯

| 责任编辑:陈青丽 | 责任校对:史云霞 |
| 封面设计:张爱妮 | 版式设计:张爱妮 |

ISBN 978-7-5632-4515-4　　定价:20.00 元

前　言

实用写作是各级各类机关、企事业单位、社会组织进行规范化管理、开展公务活动和执行规章制度的重要工具,在传达政令、布置和商洽工作、请示和答复问题、报告和交流情况、联系公务、记载工作活动等方面具有重要作用。实用文书写作是高等院校学生正确进行语言文字表达的基本技能,也是机关单位工作人员开展工作的必备能力。

在现代化和信息化日益发展的当今社会,实用写作对建立现代化、标准化、规范化、高效化的组织具有不可或缺的作用。本书依据现行党和国家机关关于公务文书写作、处理办法和行文规则的要求,密切结合各级各类机关、企事业单位公务管理活动的特点和发展的新形势,以及当前各类实用性文书写作的现实需求,以写作活动自身的特点和规律为基础,突出国家机关和企事业单位主要应用文种的基本知识和写作技巧。

在本书编写过程中,编者考虑到公务文书文体种类繁多、涉及面广、内容繁杂,结合高校本科生的培养目标,特别选取了使用频率高、实用性强的文种。以党政公文、事务文书、日常文书三大类为主要模块,涵盖各文种的含义、主要特点、写作的基本结构、写作方法、典型例文等,使学习者能够较为全面系统地了解和掌握党政公文和常用文书写作的基本知识和技能。

本书由梁呐担任主编,厉梅担任副主编,田芯担任主审。参编人员还包括:卢玉、高雪峰、张旭等。全书由梁呐、厉梅统稿。在本书的编写过程中,编者参考了大量实用写作的相关书籍和已有的研究成果,在此对这些资料的作者表示感谢。同时,本书的出版得到大连海事大学教务处和出版社的大力支持和帮助,本书的编写亦得到大连海事大学公共管理与人文艺术学院教师及相关专家学者的指导,在此表示衷心的感谢。本书的不足之处,恳请各位专家、同行和广大读者批评指正。

编　者

2023 年 8 月

目 录

第一章　概述 ……………………………………………………………… 1
　第一节　实用写作基础知识 …………………………………………… 1
　第二节　实用写作的要素 ……………………………………………… 4
　第三节　公文的拟制 …………………………………………………… 7

第二章　党政公文 ………………………………………………………… 14
　第一节　决议 …………………………………………………………… 14
　第二节　决定 …………………………………………………………… 16
　第三节　命令(令) ……………………………………………………… 21
　第四节　公报 …………………………………………………………… 25
　第五节　公告 …………………………………………………………… 28
　第六节　通告 …………………………………………………………… 31
　第七节　意见 …………………………………………………………… 33
　第八节　通知 …………………………………………………………… 35
　第九节　通报 …………………………………………………………… 41
　第十节　报告 …………………………………………………………… 46
　第十一节　请示 ………………………………………………………… 50
　第十二节　批复 ………………………………………………………… 53
　第十三节　议案 ………………………………………………………… 56
　第十四节　函 …………………………………………………………… 58
　第十五节　纪要 ………………………………………………………… 62

第三章　事务文书 ………………………………………………………… 65
　第一节　概述 …………………………………………………………… 65
　第二节　计划 …………………………………………………………… 66
　第三节　规划 …………………………………………………………… 69
　第四节　总结 …………………………………………………………… 72
　第五节　新闻消息 ……………………………………………………… 74
　第六节　简报 …………………………………………………………… 78
　第七节　述职报告 ……………………………………………………… 81

第八节　调查报告 ………………………………………………… 83
第九节　事迹材料 ………………………………………………… 86
第十节　方案 ……………………………………………………… 88

第四章　日常文书 …………………………………………………… 92
第一节　讲话稿 …………………………………………………… 92
第二节　欢迎词 …………………………………………………… 95
第三节　欢送词 …………………………………………………… 97
第四节　答谢词 …………………………………………………… 98
第五节　祝词 ……………………………………………………… 100
第六节　演讲稿 …………………………………………………… 102
第七节　贺信(电) ………………………………………………… 104
第八节　感谢信 …………………………………………………… 106
第九节　慰问信 …………………………………………………… 107
第十节　公开信 …………………………………………………… 109
第十一节　证明信 ………………………………………………… 111
第十二节　倡议书 ………………………………………………… 112
第十三节　启事 …………………………………………………… 113
第十四节　声明 …………………………………………………… 115

附录 …………………………………………………………………… 117
党政机关公文处理工作条例 ……………………………………… 117

参考文献 ……………………………………………………………… 123

第一章　概述

第一节　实用写作基础知识

一、实用写作与公文的含义

实用写作是具有广义形式的应用文写作,是人们在工作和生活中实用性、工具性和目的性相统一的写作形式。实用文书是国家机关、企事业单位、社会团体等在处理各种事务工作时使用的具有直接实用价值和惯用格式的一系列文书,也就是国家机关与其他社会组织在公务活动中使用的文书,是各级各类机关单位在公务活动中为行使职权、实施管理而制作的具有法定效用和规范体式的文件或其他书面材料,简称为公文。实用写作就是泛指各类具有实用性和应用性的文书的写作。

实用文书包括可以形成文件的党政机关公文,也就是中共中央办公厅和国务院办公厅2012年4月16日联合印发的《党政机关公文处理工作条例》中规定的15个党政机关通用文种,该条例自2012年7月1日起实施。在此之前,1996年5月3日中共中央办公厅发布的《中国共产党机关公义处理条例》规定了14种党的机关公文,2000年8月24日国务院发布的《国家行政机关公文处理办法》规定了13种行政公文,但自2012年《党政机关公文处理工作条例》实施之后上述两文的相关规定即行废止。另外,除了党政通用文种之外,实用文书还包括各级各类机关日常办公常用的各种书面材料以及法律、财经、文教、外交、军事、税务、工商等各行业的专用文书。

《党政机关公文处理工作条例》中对党政机关公文的定义是:"党政机关公文是党政机关实施领导、履行职能、处理公务的具有特定效力和规范体式的文书,是传达贯彻党和国家方针政策,公布法规和规章,指导、布置和商洽工作,请示和答复问题,报告、通报和交流情况等的重要工具。"各级各类机关、单位、社会团体等都是依照党政机关公文的形式,来拟制和处理公务活动期间产生的各种实用文书。

二、实用文书的种类

实用文书的种类(简称文种)繁多,在撰写实用文书时,必须正确选择和使用文种。按照实用文书的功能和性质,其总体上可划分为党政公文、事务文书和日常文书三大类。

(一)党政公文

党政公文也叫法定公文、正式公文,按照《党政机关公文处理工作条例》的规定,目前党政机关通用的文种有15种:决议、决定、命令(令)、公报、公告、通告、意见、通知、通报、报告、请示、批复、议案、函、纪要等。

(二)事务文书

事务文书是机关单位处理各种事务性工作时所使用的文字材料,是机关单位常用的应用性和实用性文书。事务文书包含的具体文种数量很多,包括机关单位常用的计划、规划、总结、简报、大事记、先进事迹材料、竞聘演讲词、工作研究、调查报告、述职报告、建议书、方案等,也包括章程、规则、制度、办法、规程、规范、细则、守则、公约、条例、规定等具有规约性的文书,以及消息、通讯、专访、特写、评论、时评、短评、宣传稿等具有新闻宣传性质的文书。

(三)日常文书

日常文书是机关单位日常工作中使用的具有沟通交流功能的文书,是以言辞类和信函类为主的各种文字材料。日常文书具体包括讲话稿、演讲稿、欢迎词、欢送词、答谢词、祝词、致辞等;以及公开信、证明信、介绍信、推荐信、表扬信、感谢信、致敬信、贺信(电)、倡议书、请柬、邀请函、聘书等信函体式的文种,以及海报、启事、声明、公示等日常工作中常用的告启类文书等。

三、实用文书的特点

(一)鲜明的政治性

实用文书是各级机关单位处理公务的重要工具,是国家各级机关的指挥意图、行动意图的系统记录,直接反映国家机关的政治意向和根本利益,是维护和发展社会主义制度、建设物质文明和精神文明的保障。因此,各级机关单位制发的文书尤其是党政公文都必须贯彻执行党和国家的有关政策和法律法规,体现出极强的政治性和高度的思想性。

(二)严格的法定性

实用文书体现着机关单位的管理职能,必须由法定的作者在法定范围内行使职权时制定和颁发。所谓法定作者,是指依法成立并能行使权利和承担义务的组织,各级党政机关、企事业单位、社会团体都是合法的法定作者,机关中拟写文书的个人是代表机关单位的,所以文书的作者是制发公文的机关单位。

实用文书是党政机关、企事业单位表达意志、处理公务的重要工具,所以具有法定的权威性和行政约束力,公文一旦制发,有关单位就需按照公文的内容执行和落实。不同的机关单位在制发文书的时候,要遵循各自法定的职权范围。文书的运转尤其是党政公文要遵循法定的处理程序,接收文件或发出文件,都必须要依照法定程序进行。

(三)格式的规范性

实用文书是国家机关履行管理职能的书面工具,格式具有规范性和规定性,公文的拟制要参照《党政机关公文格式》(GB/T 9704—2012)的规定和要求,从文体、版面、字体、字号到内容、结构等都有严格的规定。而且每个文种只适用于特定的范围,用来表达特定的内容。各级党政机关、企事业单位和社会团体制发公文都要严格按照规定的体式办理。

(四)制发的时效性

由于客观形势的变化和公务活动的阶段性,实用文书针的是对在某一时间范围内的特定工作,施行效用具有一定的时效性。有的文书时效较长,如具有法规性的公文,有的文书时效较短,如就某一具体事项的通知等,工作办理完毕,文书的作用即告结束。所以文书都是在一定时间范围内有效,这就要求文书的写作、传递和办理都要迅速及时。

四、实用文书的作用

实用文书的作用也就是公文的职能,实用文书在实际公务活动中既有其总体的职能,每一个文种又有其各自独特的职能,主要包括以下五个方面:

(一)领导与指导作用

实用文书是传达贯彻党和国家方针政策的有效形式,国家机关和各单位都可以通过制发公文来部署工作、传达决策和意见,对下级机关或部门的相关工作进行领导和指导。

(二)规范和制约作用

实用文书作为管理机关单位和社会事务的重要工具,在规范和制约社会行为方面有着重要作用。各级党政机关的公文一经发出,对限定范围内的单位和人员均有规范和约束作用,同时也保障着社会秩序的稳定。党和国家的各项管理活动有法可依、有章可循,是实现国家管理法制化、科学化的基础和保证。

(三)凭证与依据作用

实用文书是各机关单位进行管理的基本凭证和依据,反映了制发机关的意志和要求,收文机关则是要据此贯彻落实上级机关的指令,要依据公文内容和相关要求开展工作、处理问题。公文处理流程结束之后,需归入机关单位的档案,作为机关公务活动的信息存储起来,以备日后查考。

(四)联系与知照作用

各机关单位通过收文和发文发挥着联系工作和告知情况的作用。在公务活动中,上级机关与下级机关之间、平级机关之间、不相隶属的机关之间,通过收发公文的形式进行联系、协调,或告知有关事项。

(五)宣传和教育作用

实用文书是机关单位推动工作的基本工具,也是向广大干部群众宣传党和国家方针政策、宣传单位和个人的典型经验和先进事迹的载体,发挥着宣传教育的作用。一些纲领性文件、重大政策性文件的宣传教育作用十分明显,能够促进人们统一思想、提高认识、增强信心。公文的宣传教育作用具有更直接的权威性,也是其他宣传教育材料的重要依据。

第二节　实用写作的要素

一、确立主题

主题是一篇文章的主旨,是文章所要表达的中心思想和主要观点。实用文书的主题是写作过程中处于第一位的核心要素,是整篇文章的灵魂和统帅。实用文书由于其在公务活动中的工具性,确立主题需要从实际工作出发。

(一)根据工作需要确立主题

实用文书源于工作的实际需求,它是机关单位意志的体现,实用文书的起草是根据机关单位工作需要和领导授意来进行的,因此从工作需要出发确立主题是实用文书写作的基本前提和直接动因,是确立公文主题的关键。

(二)依据政策法规确立主题

实用文书对政策法规具有很强的依赖性,其基本观点和主要思想必须与党和国家的相关方针政策、法规规章保持高度一致,不能有任何违反和背离,这是实用文书立意的基础。

(三)依据社会实践确立主题

实用文书写作所需材料来源于工作实际和广泛的社会实践,从社会实践中获取的事实和数据,决定了确立写作主旨必须从实践出发,善于发现问题、解决问题,以增强文章的社会功能和实践价值。

二、材料的收集与整合

材料是为了完成文章写作而收集的一系列事实、论据、数据等资料,是文章写作的基础条件,任何一种文书的写作都离不开材料,没有丰富的材料,就无法写出深刻充实的文章。

(一)材料的分类

实用文书写作所需材料可分为理论材料和事实材料两类。

理论材料包括党和国家的方针、政策,有关的法律、法规、规章,以及相关的理论著作、文献资料等,可以在写作中作为文章的背景和理论依据,作为说明主题的有力支撑。

事实材料包括具体的事例、调研发现的事实、典型事迹、统计数据,以及机关单位对相关工作的阐述、安排部署和具体要求等,这些都可以作为所写文章的重要依据。

(二)材料收集的方法

1.观察

观察是认识客观事物的基础,也是收集获取材料的重要途径。通过观察掌握事物发展变化的过程和最新的动态,可以作为写作的第一手材料,奠定写作文章的基础。

2.调研

调研即调查研究,是坚持实事求是、密切联系群众的重要途径,通过调查研究可以获得真实、生动的材料,是获取典型案例和统计数据的重要渠道。在调研过程中,也有可能发现新情况、新问题,从而引发更为深入的思考。

3. 阅读

通过阅读可以获得大量有价值的材料,有目的、有计划的阅读活动是收集材料的重要途径。实际写作所需的阅读内容包括书籍、报刊、网文等。应注意所阅读材料的信度、效度和适用性,及时排除虚假、过时和不适用的材料。

(三)材料的选用标准

1. 真实

材料的真实性是选用的首要标准,一切文种所使用的材料都必须是客观存在、真实可靠的,真实性也是确保文章准确性、严肃性、权威性的基础。

2. 典型

实用文书写作所选用的材料必须具有代表性和典型性,不能以少数个案代表整体,以偏概全,要选用能够代表事物主要特点、揭示事物本质特征的材料,从而准确地进行主题表达。

3. 适用

所选材料必须能够说明所写文章的主题,能够适用于文章的主要内容,为文章所要表达的主要观点和思想提供有力的支撑。

4. 新颖

所选材料要能够反映事物发展的新阶段、新面貌,反映时代精神,不要使用陈旧、脱离时代的材料,防止写作中出现老生常谈、重复照搬以往材料的现象。

三、结构框架

拟制文章首先需要安排好结构框架,一般需要拟制写作提纲,明确各部分的分布,段落、层次的安排,以利于写作活动的顺利进行。组成实用文书框架结构的要素主要包括:

(一)层次和段落

层次和段落是文章构成的基本单位,层次和段落是既有区别又有联系的两个概念。

层次是指文章思路展开和思想内容的表现次序,是在表达主题过程中形成的相对完整的基本内容单位,体现了文章内在的逻辑表达次序。段落就是指自然段,一篇文章往往由若干自然段构成。一个层次可以由一个段落构成,也可以由多个段落构成。实用文书的层次安排根据不同内容和实际需要来确定,主要有三种形式:

1. 并列式

并列式是指各个层次之间的关系是平行并列的,互相不统属,多为从不同角度阐述文章的主题。并列式的层次一般采用分条列项的方式表达。

2. 递进式

递进式是指各个层次之间的关系是逐层深入的、层层递进的逻辑关系,一些思想性、理论性较强的实用文书往往采用递进式结构。

3. 总分式

总分式也称为主从式,是指先在文章的开头部分进行总体的概括,提出总的论点或核心思想,然后在主体部分进行具体的分述,分别论述各个分论点,分述部分往往采用并列式的方式布局。

（二）过渡和照应

1. 过渡

过渡是指文章的层次、段落之间的衔接和转换，起着承上启下的作用。常用的过渡方法包括：

词语过渡，在需要总结的地方采用过渡性词语，如"因此""总之""由此可见""综上所述"等。

句子过渡，采用句子在段落或层次之间过渡，使上下文衔接起来。过渡句一般放在前一段的末尾，或后一段的段首。

段落过渡，也就是采用段落的形式过渡，一般使用于两个层次之间意思相差较远、表达方式或结构形式变换幅度较大的时候，过渡段起到在层次和段落之间承前启后的作用。

2. 照应

照应是指文章前后文之间内容的互相呼应。常用的照应方式包括：

首尾照应，就是文章的开头和结尾互相照应，将开头所表述的观点，在结尾处进行强调或补充。

前后照应，是文章前后内容之间互相照应，使结构紧凑、逻辑严密。

题文照应，是正文内容与标题相照应，起到深化主题的作用。

四、语言特点

语言文字是构成文章的最基本要素，实用文书的语言表达要求符合现代汉语的语法、修辞、逻辑等方面的规范，同时也要体现出公务文书语言表达的规范性和特殊性，主要特点如下：

（一）准确

实用文书语言最基本的特点就是要求准确贴切，用词务必要准确、恰当，文字上没有错别字，句子没有语法错误，语句之间逻辑正确、联系紧密。

（二）庄重

实用文书写作是从机关单位的立场和角度出发，语言必须庄重、严肃，体现出权威性，不注重华丽的辞藻，一般采用陈述、说明、论述等表述方式，不使用夸张、渲染、修辞等手法。

（三）简明

实用文书的语言必须简洁明快，一般开门见山、直陈其事，用尽可能少的文字表达尽可能多的信息，不说空话、套话，言简意赅，以利于读者快速把握文章的主旨。

（四）平实

实用文书是机关单位开展公务活动的依据和工具，要求语言朴实自然、通俗易懂，能够实事求是地反映情况、传递信息，便于相关单位和工作人员理解和把握文章内容。

（五）得体

各级党政机关公文必须遵照《党政机关公文处理工作条例》的统一规定，使用标准的、规范的语言，使用符合党政机关身份的语言表达方式。

第三节 公文的拟制

一、行文规则

公务文书的行文规则是各级机关单位在公文往来时需要共同遵守的制度和原则。公文的行文规则规定了各级机关单位之间的行文关系,是根据机关单位之间的组织系统、领导和被领导关系以及职权范围来确定的。

(一)上行文规则

上行文是下级机关向上级机关呈递的公文。上行文一般要求逐级行文,下级机关只向直接的上级领导机关行文,特殊情况下才可越级行文。这一类党政公文的文种主要包括报告、请示、议案、意见等。上行文原则上主送一个上级机关,根据需要同时抄送相关的上级机关和同级机关,不抄送下级机关。党委、政府的部门向上级主管部门请示、报告重大事项,应当经本级党委、政府同意或授权;属于部门职权范围内的事项应当直接报送上级主管部门。除上级机关负责人直接交办的事项外,不得以本机关名义向上级机关负责人报送公文,不得以本机关负责人名义向上级机关报送公文。双重领导下的机关向一个上级机关行文,必要时应抄送另一个上级机关。

(二)下行文规则

下行文是上级机关对所属下级机关制发的公文。在党政公文中下行文的种类比较多,文种包括决议、决定、命令(令)、公报、公告、通告、意见、通知、通报、批复、纪要等。下行文可以逐级行文,也可以多级行文,还可以通过张贴、登报、广播、电视、互联网等形式直接公开发布。下行文主送公文的受理机关,根据需要抄送相关机关,重要行文应同时抄送发文机关的直接上级机关。党委、政府的办公厅(室)根据本级党委、政府授权,可以向下级党委、政府行文,其他单位和部门不得向下级党委、政府发布指令性公文或在公文中提出指令性要求。需经政府审批的具体事项,经政府同意后可以由政府职能部门行文,文中需注明已经政府同意。党委、政府的各部门在各自职权范围内可以向下级党委、政府的相关部门行文。涉及多个部门职权范围内的事务,部门之间未协商一致的,不得向下行文。上级机关向受双重领导的下级机关行文,必要时应抄送该下级机关的另一个上级机关。

(三)平行文规则

平行文为同级或不相隶属的机关之间的行文。在党政通用的法定文种中,"函"是最常用的平行文,另外还有议案、意见等可以平行使用。平行的行政机关、社会团体、企事业单位之间,不管属于什么地区和系统,只要有公务需要进行联系,都可以根据实际情况,以公文的形式进行商洽工作、询问和答复问题、审批事项等。同级党政机关、党政机关与其他同级机关必要时可联合行文,但属于党委、政府各自职权范围内的工作,不得联合行文。党委、政府的部门依据职权可互相行文。

二、公文的格式

公文的格式就是公文的表现形式,是指公文的格式要素在公文文面所处的位置和排列顺序,根据《党政机关公文处理工作条例》,党政机关公文是一种特殊的应用文体,在格式上有明确的标准和要求,必须按照规范进行拟制,公文的特定格式是形式上区别于一般文章的重要标志。

(一)公文用纸的技术指标

公文用纸的主要技术指标在《党政机关公文格式》(GB/T 9704—2012)中有明确规定:用纸型号为标准 A4 纸,其成品幅面尺寸为 210 mm×297 mm,使用纸张定量为 60~80 g/m² 的胶版印刷纸或复印纸。

(二)公文的印装规范

1. 版心与页边尺寸

为了美观和装订方便,公文印制时上、下、左、右都要留出白边,不能印刷文字,能够印刷文字的中心区域称为版心,尺寸为 156 mm×225 mm,不包括页码。版心上边框和纸的上缘之间的距离,规定为 37 mm±1 mm;版心左边框和纸的左边缘之间的距离,规定为 28 mm±1 mm;版心右边框和纸的右边缘之间的距离,规定为 26 mm±1 mm;版心下边框和纸的下缘之间的距离,规定为 35 mm±1 mm。

2. 行数和字数

一般每个版面排 22 行,每行排 28 个字,撑满版心,特殊情况可以作适当调整。

3. 文字的颜色

版面中需套红的部分为:发文机关标志、版头中的分隔线、发文机关印章和签发人名章。除此之外,公文中的文字颜色均为黑色。

(三)公文的版头

版头是公文首页红色分隔线以上的部分,包括六大要素:份号、密级(秘密等级的简称)和保密期限、紧急程度、发文机关标志、发文字号、签发人。

1. 份号

份号是公文印制份数的顺序号,一般用 6 位阿拉伯数字表示,用 3 号黑体字。份数不足以 0 补齐。涉密的公文需要标注份号,一般公文不需要标注份号。

2. 密级和保密期限

涉密文件必须标注密级和保密期限。密级分为"绝密""机密""秘密"三类。用 3 号黑体字,顶格编排在版心左上角第二行;保密期限中的数字用阿拉伯数字标注。密级和保密期限中间用一个"★"隔开。

3. 紧急程度

紧急公文需要标注紧急程度,也就是公文送达和办理的时限要求。紧急公文应标注"特急"或"加急";以电报形式传递的文件,紧急程度分为"特提""特急""加急""平急"。紧急程度一般用 3 号黑体字,顶格编排在版心左上角。

当公文需要同时标注份号、密级和保密期限、紧急程度这三大要素时,应按从上到下的顺序,依次编排。

4. 发文机关标志

发文机关标志由发文机关单位的全称或规范化简称加上"文件"两个字组成。联合行文时,发文机关标志可以并用联合发文机关名称,应将主办机关名称排在最前面,也可以单独用主办机关名称。发文机关标志居中排布,上边缘至版心上缘的距离为35 mm,一般使用小标宋体字,颜色套红。联合行文如果署上全部发文机关名称,应从上至下居中排布,"文件"二字标注在发文机关名称的右侧。发文机关标志应排布为一行,如字数过多,可调整字间距使其保持在一行,如确需换行显示时,应在语句合理处进行切换,确保语句的连贯。

5. 发文字号

发文字号在发文机关标志下空两行的位置,居中排布,包括机关代号、年份号、发文顺序号,使用3号仿宋体。发文机关的代字由发文机关自行拟定,要求固定使用,不要经常更改,一般由"地名代字+机关代字+分类代字"构成。如国务院办公厅发出的函件,发文代字为"国办函"。发文字号中的年份应标注全称,并用六角括号括起来。发文顺序号用阿拉伯数字,不加"第"字,不编虚位,在数字后加"号"字。

6. 签发人

上行文需要标注签发人。签发人是签发文件的人,是机关单位的领导,一般为单位正职或主要领导授权人。上行文中标注签发人的目的是使上级机关处理公文时及时了解上报公文的负责人。编排时,发文字号居左,空一个字标注,签发人居右空一个字,二者均在发文机关标志下空二行的位置。由"签发人"三个字加全角冒号和签发人姓名组成,"签发人"三个字用3号仿宋体字,签发人姓名用3号楷体字。

联合发文时,每一个联合发文的机关都需有一个签发人,都需标注姓名,主办机关签发人在第一位,其他签发人姓名按照发文机关的排列顺序从左到右、自上而下依次均匀编排,一般每行排两个姓名,回行时与上一行第一个签发人姓名对齐。发文字号应与最后一个签发人姓名处于同一行。下行文和平行文的签发人只在公文定稿时标注(签署)在定稿上或封签上,不出现在正式公文中。

7. 分隔线

红色分隔线印在公文版头中发文字号下4 mm处,居中并与版心等宽。分隔线下为公文的主体部分。

三、公文的主体

公文的主体是公文需要传达和表达的具体内容,包括公文的标题、主送机关、正文、附件说明、发文机关署名、成文日期、印章、附注、附件等要素。

(一)标题

标题是对公文主要内容的概括,是公文不可缺少的部分。公文标题编排在分隔线下空两行的位置,用2号小标宋体字居中排布。如果标题内容过长,可以分多行居中排布。换行时,要做到词意完整、排列对称、长短适宜和间距恰当。多行标题排布可类似于梯形或菱形。

1. 标题的内容

标题一般应包括三个基本要素:发文机关名称、事由和文种。

发文机关名称必须是法定的全称或通用的规范化简称。如果是联合行文,联合发文的机关在三个以下的,可把所有发文机关名称列上。如果联合发文机关在三个以上,可省略发文机关名称或只排列主办机关名称后加"等"字。标题的事由是对公文内容的高度概括和浓缩,读者从标题即可了解和掌握公文的内容。对事由部分的概括要准确、简洁、平实、规范,防止产生歧义,避免烦琐冗长。标题中的文种必须准确、恰当、规范。

2. 标题的格式

一是完整式的三要素写法或全称写法，由"发文机关名称+事由+文种"构成完整标题。

二是可省略发文机关名称，被称为两要素写法，由"事由+文种"构成，如有正式发文机关标志的公文，可以在标题中省略发文机关名称。

三是省略事由的两要素写法，由"发文机关名称+文种"构成，这种写法只有少数几个文种的标题可以使用，如命令（令）、公告、通告等。

四是省略发文机关名称和事由，只有文种一个要素，被称为单要素写法。大部分公文文种的标题不能使用这种写法，这种写法只适用于命令（令）、公告、通告等少数几个文种。

此外，一些日常应用性公文也可以采用文章式的标题，如总结、调查报告、讲话稿、简报等文种，标题形式可以采取相对自由的写法。

3. 标题中的标点符号

公文标题一般不用标点符号，在实际工作中，如不使用标点符号易引起歧义则需使用标点符号。

（1）书名号：标题中如果出现书籍、文章、报刊等名称时，可使用书名号。如：中共中央关于深入学习《邓小平文选》的实施意见。

（2）引号：在公文标题中使用引号表示缩略语、数概、专用名词、特定称谓，如：关于"农转非"户口审批制度改革情况的报告。但像五一、十一等常用的专用名词可不用引号也不会产生歧义。

（3）顿号：如果标题事由部分出现多个机关、人名等并列成分时，其间应用顿号分开。如：国务院办公厅关于印发进一步深化"互联网+政务服务"推进政务服务"一网、一门、一次"改革实施方案的通知。

（4）圆括号：公文标题中有说明性成分对标题内容进行解释、说明和补充时，应加圆括号。如"草稿""讨论稿""征求意见稿""试行"等，如：科技部关于印发《科学技术活动评审工作中请托行为处理规定（试行）》的通知。

（5）间隔号：含有日、月表示事件、节日和其他意义的词组，用间隔号将表示日、月的数字隔开，并外加引号，以避免歧义。如"一二·九运动""一·一七批示"等。

（6）空格：如有多个发文机关名称，其间用空格分开，不可用顿号或逗号。如：中共中央办公厅 国务院办公厅关于印发《党政机关公文处理工作条例》的通知。

（二）主送机关

主送机关是负责处理和执行公文的机关，表明公文的空间效力范围，明确负责公文办理或答复责任的机关对象。主送机关应使用机关全称、规范化简称或者同类型机关统称，编排位置在标题下空一行，居左顶格，回行时仍顶格，用3号仿宋体字，最后一个机关名称后标全角冒号。

在有多个主送机关的情况下，如果是同级别或同类型机关，可使用统称，也就是概括性的总称，也叫泛称主送。如：各省、自治区、直辖市人民政府。如果多个主送机关单位类型不同，性质和权限不同，排序原则是"先外后内"，政府机关在前，职能部门在后。如：各省、自治区、直辖市人民政府，国务院各部委、各直属机构。如果包括多个类型的同级机关可采用"党政军群"的排列顺序。

如多个主送机关级别有高低的区别，则采用递降称主送，排序原则是先高后低、先外后内、党政军群。如主送机关名称过多而导致公文首页不能显示正文时,应将主送机关名称移至公文末尾的版记中,置于抄送机关之上。在标点符号的使用上需要注意,同级同类机关之间用顿号,同级不同类机关之间用逗号。

(三)正文

公文的正文用 3 号仿宋体字,编排于主送机关名称的下一行。每个自然段开头要缩进两个汉字,回行时顶格编排。正文如果包含段落层次的序数,序数层级依次为:第一层级为"一",黑体;第二层级为"(一)",楷体;第三层级为"1.",仿宋体;第四层级为"(1)",仿宋体。公文中的数字,除部分结构层次序数和词、词组、惯用语、缩略语、具有修辞色彩语句中作为词素的数字必须使用汉字外,都应当使用阿拉伯数字。正文中需引用其他公文时,先写标题,后写发文字号。

(四)附件说明

附件说明包括公文附件的顺序号和名称,在正文下空一行,左空两格,编排"附件"两个字,后标注全角冒号,然后是附件的名称。如果有多个附件,使用阿拉伯数字标注附件顺序号,多个序号上下对齐,序号后为附件的名称。

附件名称后不加标点符号,附件名称较长需回行时,应与上一行附件名称的首字对齐。批转、转发、印发、报送类公文,在其生效标志后附的相关公文内容不是公文的附件,不必在附件说明处进行标注说明。

(五)发文机关署名

在公文结尾处署上发文机关的名称,应写明发文机关全称或规范化简称。发文机关署名应与发文机关标志、标题中的发文机关名称一致。联合行文时,发文机关署名的顺序应与发文机关标志的排列顺序相一致。

单一机关行文时,如需加盖印章,一般在成文日期之上,以成文日期为准居中编排发文机关署名;如不需加盖印章,则在正文(或附件说明)下空一行、右空二字编排发文机关署名。联合行文时,如需加盖印章,一般将各发文机关署名按照发文机关顺序整齐横向排列在相应位置;如不需加盖印章,则应先排主办机关署名,其余发文机关署名依次向下纵向编排。

(六)成文日期

成文日期是公文的生效时间,是公文生效的重要标志。确定公文成文日期的标准为:如果是会议讨论通过的公文,以会议正式通过的日期为准;如果是领导人签发的公文,以签发的日期为准;联合行文,以最后签发的机关负责人签发日期为准;法规性公文以批准的日期为准;一般电报、信函等以实际发出的日期为准。

成文日期常规的标注位置在公文正文或附件说明的右下方,在发文机关署名的下一行编排。如果发文机关署名长于成文日期,那么发文机关署名右空两个字编排,成文日期以发文机关署名为准,居中编排;如果成文日期长于发文机关署名,则应使成文日期右空两个字编排。成文日期中的数字应为阿拉伯数字,并应将年、月、日标全,年份应标全称,月、日不编虚位。

加盖印章的公文,无论是单一机关制发还是联合行文,成文日期一般都在正文(或附件说明)之后若干行,用阿拉伯数字居右空四字编排,同时要确保成文日期处在印章中心下缘位置,印章顶端距正文(或附件说明)一行之内。加盖签发人名章的公文,如果是单一机关制发的公文,一般在签名章下空一行的位置,右空四字编排。

(七)印章

公文加盖印章是体现公文生效的重要形式。公文中有发文机关署名的,应当加盖发文机关印章。有特定发文机关标志的普发性公文和电报可以不加盖印章。以机关负责人名义制发的公文需要加盖签发人的签名章。

单一发文机关行文,印章应端正、居中,使发文机关署名和成文日期居于印章中心偏下位置。联合行文时,一般将所有发文机关的名称整齐排列,然后依次加盖印章,端正、居中、下压发文机关署名,最后一个印章下压发文机关署名和成文日期。印章之间排列整齐、互不相交或相切,每排印章两端不得超出版心。

加盖签名章时,如果为单一机关制发的公文,签名章在正文下空二行、右空四字的位置。签发人职务在签名章左空二字的位置标注。联合行文时,应先排主办机关签发人职务、签名章,其余机关签发人职务、签名章依次向下编排,上下对齐,每行只编排一个机关的签发人职务、签名章。签发人职务应标注全称。发文机关印章、签名章一般应为红色。另外,印章与正文必须同处一面,当正文之后的空白容纳不下印章或成文日期时,一般采用调整正文行距或字间距的方法加以解决。

(八)附注

附注是公文印发传达范围等需要说明的事项。如"此件发至县团级""此件传达至群众"等。附注应居左、空两字、加圆括号编排在成文日期下一行。印发传达范围一般针对下行文和平行文,上行文不可标注。

(九)附件

附件是公文正文的说明、补充或者参考资料。附件应另面编排,并在版记之前,与公文正文一起装订。"附件"二字及顺序号用 3 号黑体字顶格编排在左上角第一行,附件标题居中编排在第三行。附件内容的编排格式与主体部分相应格式要素的要求相同。如附件与正文不能一起装订,应在附件左上角第一行顶格编排公文的发文字号并在其后标注"附件"二字及附件顺序号。如"国发〔2015〕26 号附件"。附件是正文的文字材料,是附件说明的具体内容。附件顺序号和附件标题必须与附件说明中的表述完全一致。

四、版记

版记在公文的最后一页,是公文末页首条分隔线以下、末条分隔线以上的部分。版记部分的基本要素包括抄送机关、印发机关和印发日期。版记中的分隔线与版心等宽,首条分隔线和末条分隔线用粗线(推荐高度为 0.35 mm),中间的分隔线用细线(推荐高度为 0.25 mm),首条分隔线位于版记第一个要素之上,末条分隔线与公文最后一面的版心下缘重合。

(一)抄送机关

抄送机关是除主送机关外需要执行或者知晓公文内容的其他机关。抄送机关应使用机关全称、规范化简称或同类型机关统称。字号为 4 号仿宋体字。"抄送"二字后加全角冒号和抄送机关名称,回行时与冒号后的首字对齐。抄送机关也需要按照次序进行排列,与主送机关的排列顺序相同。按照机关级别从高到低排列,同级不同类的机关,按照"党政军群"的顺序排列;人大、政协、法院、检察院机关需另起一行,民主党派机构也要另起一行。如果把主送机关移至版记,则将抄送机关置于主送机关之下。

（二）印发机关

印发机关是公文送印机关的名称,或称为公文印制主管部门,一般应是各机关的办公厅（室）或文秘部门。

（三）印发日期

印发日期是送印日期。字体为4号仿宋体字,编排在末条分隔线之上。印发机关左空一字,印发日期右空一字,用阿拉伯数字将年、月、日标全,年份标全称,月、日不编虚位,后加"印发"二字。

第二章 党政公文

根据《党政机关公文处理工作条例》，党政机关公文共有 15 种党政通用的文种，分别是决议、决定、命令（令）、公报、公告、通告、意见、通知、通报、报告、请示、批复、议案、函和纪要。党政公文主要用于传达贯彻党和国家的方针政策、公布法规和规章，指导、布置和商洽工作，请示和答复问题，报告、通报和交流情况等，是党政机关实施领导、履行职能、处理公务的文书，各文种都具有特定的效力和规范的体式。编制党政机关公文时，应严格按照《党政机关公文格式》（GB/T 9704—2012）中规定的标准进行，并结合每种公文的特征来编制。

第一节 决议

一、决议的含义

决议适用于会议讨论通过并要求贯彻执行的重要决策事项。决议是各级党政机关、企事业单位经过专门的会议对重要的事项进行讨论，并通过会议的相关决策，要求有关单位贯彻执行的公文。决议属于下行文。

二、决议的特点

（一）权威性

决议是由党政机关重要的会议做出的，经过会议讨论通过并由领导机关发布的，针对重大问题和重大事项的决策，一旦形成，就具有法定效力，不能有任何违背，必须遵照执行，具有很强的权威性。

（二）指导性

决议的观点、评价以及做出的决策，对执行机关的工作开展、方针政策的制定具有重要的指导意义。

（三）程序性

决议是会议的产物，党政机关的会议必须严格按照法定程序召开，进行讨论和表决之后才能形成决议,因此具有严格的程序性。

三、决议的类型

(一)公布性决议

公布性决议是公布某项法规、提案或是对某项工作的安排,如一些重要的、长期的工作、规划等,如《国务院关于公布汉字简化方案的决议》。

(二)批准性决议

批准性决议是经过会议讨论表决是否批准某项文件或者报告,这类决议涉及的内容都比较具体,如《全国人民代表大会常务委员会关于批准设立中国农业银行的决议》。

(三)阐述性决议

阐述性决议是对某些重大结论的具体内容加以展开阐述,这类决议涉及的内容往往是针对某一专项问题做出充分说明,为原则性的、理论性的、影响深远的决议,篇幅长,如《中国共产党中央委员会关于建国以来党的若干历史问题的决议》。

四、决议的写作格式

(一)标题

决议一般采用完整式标题,即"发文机关+事由+文种"的形式,最能体现决议的权威性特点,如《中共××市委关于做好当前民生工作的决议》;也可采用"会议名称+事由+文种"的形式,如《××会议关于建立海南经济特区的决议》;还可以采用"事由+文种"的形式,如《关于确认十一届三中、四中全会增补中央委员的决定的决议》。

(二)成文日期

决议的成文日期又叫题注,在标题下面,是决议正式通过的日期,用圆括号括上,包括具体通过或批准该决议的日期、会议名称的全称以及"通过"或"批准"字样,如:(××年×月×日××会议通过)。如果公文标题中已经写明了会议名称,就可以只写成文日期加"通过",如:(××年×月×日通过)。

(三)正文

决议的正文部分是陈述决议的内容,一般应包括三大部分,分别是做出决议的根据、决议事项和结语。在篇幅上比较灵活,内容简单的可以采取一段式,内容较多的可以采用多段式,分层次表述。

决议的开头部分要写明决议的依据,概括说明会议审议决议事项的情况,陈述做出决议的原因、依据、背景、目的或意义等。

决议的主体部分要写明决议的事项,相关的部署、措施和要求,会议对有关文件、事项做出的评价、决定。不同类型的决议写作侧重也有所不同,写法较为灵活。批准事项的决议要写明批准前所做的调查、研究或其他工作,表明是否批准的态度;说明会议提出了什么,强调了什么重要意义等。公布性决议旨在将重大决议内容公布给下级机关或群众,此类决议内容比较简短,需写明公布的文件或者事项的内容、对有关工作的安排部署、相关的措施和要求等。阐述性决议需要针对某个重大事项进行全面、细致的阐述,或者说明会议中的相关内容,夹叙夹议,这类决议理论比较多,要把道理阐述清楚。结构上可以分成几个部分,列出小标题,或者采用分条列项的方式,使全文条理清楚。

决议的结尾一般可紧扣决议事项,有针对性地提出希望、号召和执行要求;也可省略,自然结尾。

五、范例分析

全国人民代表大会常务委员会

关于批准××年中央决算的决议

(××年×月×日第×届全国人民代表大会常务委员会第××次会议通过)

第×届全国人民代表大会常务委员会第××次会议,听取了财政部部长××受国务院委托作的《国务院关于××年中央决算的报告》和审计署审计长××受国务院委托作的《国务院关于××年度中央预算执行和其他财政收支的审计工作报告》。会议结合审议审计工作报告,对《××年中央决算(草案)》和中央决算报告进行了审查,同意全国人民代表大会财政经济委员会提出的《关于××年中央决算的审查报告》,决定批准××年中央决算。

会议要求国务院进一步提高预算编制的科学性和准确性。要规范财政转移支付制度,尤其是要严格专项转移支付项目的审批;要针对审计揭露的问题,从体制和机制上分析原因,提出改进办法;要严格执行预算,加强监督,建立健全责任追究制度,做好财政决算工作。

评析:这是一篇批准性决议,阐述了批准相关事项的原因、批准的内容和批准的决定,并做出了贯彻落实的安排和部署,提出了执行要求。这篇决议篇幅短小,内容简洁,层次清楚。

六、决议的写作注意事项

1. 决议的内容必须是经过会议讨论通过的事项,会议讨论并通过,是制发决议的两个必要因素,缺一不可。

2. 决议的内容必须是会议讨论通过的重大决策事项,会议讨论通过的一般事项不能用决议发布,可由会议常设机构以其他公文形式下发。

3. 并不是所有会议都可以形成决议,原则上只有经过一定的组织原则按照一定程序形成的重要会议,才能形成决议,一般的工作会议、专题会议、临时会议决定的事项,不能使用决议行文。

4. 在写作手法上,决议的内容一般针对重大问题,因此在行文表述上应十分慎重,以正面阐述为主。对议而未决的事项,应当回避。

5. 除作为文件行文外,决议还可在报刊等媒介公开发布,也可采取张贴的形式使公众周知。

第二节 决 定

一、决定的含义

决定适用于对重要事项做出决策和部署、奖惩有关单位和人员、变更或撤销下级机关不适当的决定事项。决定是机关、单位对于某些重大事项或重大行动做出决策和部署时,经常使用的一个文种,应用范围比较广,属于下行文。

二、决定的特点

(一)指导性

决定体现了上级领导机关对重要事项的决策,是指导下级机关工作的准则,是比较庄重、严肃的文种。决定做出的安排和部署,具有很高的权威性和很强的约束力,且事关全局,政策性强。

(二)严肃性

决定一旦做出,下级机关必须认真执行,特别是上级机关对重大问题、重大行动做出的安排和部署,通常产生于较高层次的领导机关,下级机关必须执行,不能随意变更。

(三)针对性

决定是对现实具体问题做出的安排和部署,针对性较强。

(四)强制性

决定具有法定的强制力,要求下级机关无条件执行,必须遵守决定中的相关要求,对有关单位和人员具有很强的约束力。

(五)稳定性

决定是重要事项的决策,所规定的原则、措施和有关内容,一般会在较长时期内发挥作用,具有稳定性。

三、决定的类型

(一)法规性决定

法规性决定用于发布权力机关制定、修订或试行的法律文件以及由政府部门制定的行政法规,如《财政部关于修改〈财政票据管理办法〉的决定》。

(二)指挥性决定

指挥性决定用于对重要工作和重要行动做出安排,对某个问题、事项做出决策性的指挥部署,提出实施意见、办法、步骤,对工作进行安排,如《国务院关于加强市县政府依法行政的决定》。

(三)奖惩性决定

奖惩性决定用于表彰或处分某个单位或个人,如《国务院关于授予赵春娥、罗健夫、蒋筑英为全国劳动模范的决定》。

(四)变更性决定

变更性决定用于变更机构、人事安排或撤销下级机关不适当的决定事项等,如《全国人民代表大会常务委员会关于废止有关劳动教养法律规定的决定》;也可用于职务的任免决定,如《国务院关于撤销××同志××省××职务的决定》。

四、决定的写作格式

(一)标题

决定的标题可采用完整式的"发文机关+事由+文种"的形式,如《国务院关于加强食品安全工作的决定》,也可省略发文机关名称,采用"事由+文种"的形式,如《关于严惩危害社会治安的犯罪分子的决定》。

(二)题注或主送机关

决定标题下可以写题注,会议通过的决定在标题下注明"(日期+会议名称+通过)",表示通过该决定的会议和时间。

第二种情况是在标题下写明主送机关,也就是,如果不是由会议通过的决定,要写明主送机关,但如果是普发性的决定则不用写主送机关。

(三)正文

决定的开头部分应简要说明做出决定的缘由、依据、目的、意义。过渡语为"××决定""特做如下决定""特决定如下"等,过渡至下文。

决定的主体部分主要阐述决定事项的具体内容、落实的措施、解决问题的办法等;要求语言准确、表述具体详尽,切忌模棱两可、含糊不清,要有利于有关单位和人员执行。如果该部分内容较多,可以列小标题或使用分条列项式结构。

决定的结尾需写明落实决定的具体要求和措施,决定施行的时间,也可以提出希望,发出号召。可单独成段,或分成几项。这一部分可以和决定的事项部分合在一起,也可以自然结尾。

(四)落款

决定的落款要写明发文机关名称,加盖发文机关印章,写明成文日期。如果该决定由会议研究讨论通过,标题下已有题注,则落款处不需再标注发文机关署名和成文日期。

五、范例分析

(一)法规性决定

法规性决定一般由全国人民代表大会及其常务委员会、国务院以及各级人民政府做出,这类决定一般正文内容较多,采用条文式,分条叙述;一般没有主送机关、发文机关署名和成文日期,相关决定事项自公布之日起施行;要求用词严密准确,具体可行。

例文:

国务院关于修改《行政执法机关移送涉嫌犯罪案件的规定》的决定

国务院决定对《行政执法机关移送涉嫌犯罪案件的规定》作如下修改:

一、第三条增加一款,作为第二款:"知识产权领域的违法案件,行政执法机关根据调查收集的证据和查明的案件事实,认为存在犯罪的合理嫌疑,需要公安机关采取措施进一步获取证据以判断是否达到刑事案件立案追诉标准的,应当向公安机关移送。"

二、将第十五条、第十六条、第十七条中的"行政处分"修改为"处分"。

三、增加一条,作为第十八条:"有关机关存在本规定第十五条、第十六条、第十七条所列违法行为,需要由监察机关依法给予违法的公职人员政务处分的,该机关及其上级主管机关或者有关人民政府应当依照有关规定将相关案件线索移送监察机关处理。"

(略)

本决定自公布之日起施行。

国务院

2020 年 8 月 7 日

(二)指挥性决定

指挥性决定一般是对重大事项或者重大行动做出的决定,具有很强的政策性和指导性。指挥性决定的条款相对较多,一般也需采用条文式结构来写,或采用条块结合式,先划分为几个部分,每部分拟小标题,再分条列项,使层次分明。

例文:

国务院关于加快发展民族教育的决定

国发〔2015〕46 号

各省、自治区、直辖市人民政府,国务院各部委、各直属机构:

党和国家历来高度重视民族教育工作。经过各地和有关部门的共同努力,民族教育事业快速发展,取得了显著成绩,教育规模不断扩大,办学条件明显改善,教师队伍素质稳步提升,学校民族团结教育广泛开展,双语教育积极稳步推进,教育教学质量不断提高,培养了一大批少数民族人才,为加快民族地区经济社会发展、维护祖国统一、促进民族团结作出了重要贡献。由于历史、自然等原因,民族教育发展仍面临一些特殊困难和突出问题,整体发展水平与全国平均水平相比差距仍然较大。为了加快推进少数民族和民族地区教育发展,实现国家长治久安和中华民族繁荣昌盛,现就加快发展民族教育作出以下决定。

一、准确把握新时期民族教育的指导思想、基本原则和发展目标

(一)指导思想。高举中国特色社会主义伟大旗帜,以邓小平理论、"三个代表"重要思想、科学发展观为指导,全面贯彻党的十八大、十八届二中、三中、四中全会精神和习近平总书记系列重要讲话精神,按照"四个全面"战略布局,认真贯彻党的教育方针和民族政策,深入落实党中央、国务院决策部署,以立德树人为根本,以服务改善民生、凝聚民心为导向,保障少数民族和民族地区群众受教育权利,提高各民族群众科学文化素质,传承中华民族优秀传统文化,大力培育和弘扬社会主义核心价值观,维护民族团结和社会稳定,为实现"两个一百年"奋斗目标和中华民族伟大复兴的中国梦,培养造就德智体美全面发展的社会主义合格建设者和可靠接班人。

(二)基本原则。(略)

(三)发展目标。(略)

二、打牢各族师生中华民族共同体思想基础(略)

三、全面提升各级各类教育办学水平(略)

（略）

国务院
2015 年 8 月 11 日

（三）奖惩性决定

奖惩性决定是表彰事迹突出、具有典型意义的先进个人或集体，或处理一些影响较大、群众关心的事故、错误。奖惩性决定的内容包括对奖惩对象的情况进行说明，写明奖惩的原因和依据、奖惩的具体内容，提出希望、号召，或提出要求。

例文：

国务院关于 2019 年度国家科学技术奖励的决定
国发〔2020〕2 号

各省、自治区、直辖市人民政府，国务院各部委、各直属机构：

为深入贯彻落实习近平新时代中国特色社会主义思想，全面贯彻党的十九大和十九届二中、三中、四中全会精神，坚定实施科教兴国战略、人才强国战略和创新驱动发展战略，国务院决定，对为我国科学技术进步、经济社会发展、国防现代化建设做出突出贡献的科学技术人员和组织给予奖励。

根据《国家科学技术奖励条例》的规定，经国家科学技术奖励评审委员会评审、国家科学技术奖励委员会审定和科技部审核，国务院批准并报请国家主席习近平签署，授予黄旭华院士、曾庆存院士国家最高科学技术奖；（略）

全国科学技术工作者要向黄旭华院士、曾庆存院士及全体获奖者学习，不忘初心、牢记使命，继续发扬服务国家、造福人民的光荣传统和追求真理、勇攀高峰的科学精神，坚持新发展理念，深入实施创新驱动发展战略，坚定不移走中国特色自主创新道路，着力实现原始创新重大突破，攻克关键核心技术，推动科技成果转化应用，加强科技创新开放合作，为建成创新型国家、加快建设世界科技强国，夺取全面建成小康社会伟大胜利、实现"两个一百年"奋斗目标和中华民族伟大复兴的中国梦作出新的更大贡献。

国务院
2020 年 1 月 7 日

（四）变更性决定

变更性决定包括任免决定、机构变更的决定。这类决定内容简洁，可直接写出变更情况、职务任免的情况。

例文：

关于××等同志任职的决定

本院各部门：

根据《中华人民共和国人民法院组织法》和《中华人民共和国法官法》的有关规定,由本院院长提名,经党组会议研究决定并报请上级法院审核,同意任命:

××同志为××市××区人民法院助理审判员;

××同志为××市××区人民法院助理审判员;

(略)

××院

××年×月×日

第三节　命令(令)

一、命令(令)的含义

命令(令)适用于公布行政法规和规章,宣布施行重大强制性措施,批准授予和晋升衔级、嘉奖有关单位和人员。命令(令)是国家行政机关及其领导人发布的具有权威性、强制性和限定性的公文,属于下行文。

二、命令(令)的特点

(一)权威性

命令(令)的发布具有严格的规定,能够发布命令(令)的是国家最高领导机关或各级政府,其他单位和个人没有权利发布命令(令)。根据宪法和地方各级人民代表大会和各级人民政府组织法,具有发布命令(令)职权的包括:国家主席、国务院总理、国务院各部门、县以上地方各级人民政府,所以命令(令)是最具有权威性的公文。

(二)强制性

在党政公文中,命令(令)的强制性最高。命令(令)的措辞都是严肃坚定的,语气是庄重果断的。上级机关发布了命令(令),下级机关必须无条件服从和执行,没有丝毫商量、变通的余地,也不得随意变更。如果违反命令(令),要受到严厉的纪律处分,甚至受到法律的制裁。

(三)限定性

命令(令)的发文机关是受到严格限制的,不是所有机关都能发布命令(令)。命令(令)的发布内容也有限定性,只限于重大事项,一般的公务事项不能随意用命令(令)这个文种。

三、命令(令)的类型

(一)发布令

发布令也叫公布令或颁布令,用于公布或颁布各种法律、行政法规、规章。如以国务院名义发布的《中华人民共和国国务院令》,一般都属于发布令。

(二)行政令

行政令是国家领导机关或领导人在职权范围内宣布施行重大强制性的行政措施,要求有关单位和人员必须贯彻执行。在特定情况下,一些负有特殊使命的机关经过政府授权也可以发布行政令。

（三）嘉奖令

嘉奖令是政府表彰做出突出贡献的单位或个人。嘉奖令的发文单位一般为省级以上机构，发文级别高，特别正式、庄重，如《国务院对民航 2402 机组的嘉奖令》。

（四）任免令

任免令是国家机关或国家领导人根据有关法律和决定，宣布重大的人事任免事项的命令，如《国务院 中央军委关于××等十二名同志职务任免的命令》。

四、命令（令）的写作格式

（一）标题

命令（令）的标题结构与通用格式不同，有其专用的标题格式。命令（令）专用的标题格式可以为"领导人职务+令"，如《中华人民共和国主席令》；但一般采用"发文机关+文种"的形式构成，如《中华人民共和国国务院令》《××省人民政府令》等；还可以采用"发文机关+事由+文种"的形式，如《中华人民共和国国务院关于发行新版人民币的命令》；或者采用"事由+文种"的形式，如《抗洪抢险的命令》；另外，命令（令）也可以只以"文种"作为标题，是其相对特殊的标题形式，如《命令》《嘉奖令》《通令》《令》。

（二）发文字号

命令（令）的发文字号，也叫令号，有两种构成形式：

1. 文件式

由机关代字加年份加序号构成，与其他公文相同，这种形式多用于发布行政令或嘉奖令。如"国发〔2016〕2号"。

2. 序号式

领导人签署的命令（令），按照领导人任期的发令顺序编流水号，或者按照机关发令顺序编流水号，前面加上"第"字，数字用阿拉伯数字，如"第 124 号"。

（三）主送机关

命令（令）的主送机关即为受令机关，当命令（令）仅限发给某些特定单位时，应标明主送机关，如果属于普发性的命令（令），可不标主送机关。

（四）正文

命令（令）的正文需要写明发布命令（令）的根据、事项、执行要求等内容。

（五）落款

命令（令）需要由发文机关署名，并加盖公章。或者签署发令领导人的职务和姓名，加盖领导人签名章。成文日期在署名下方。

五、范例分析

（一）发布令

发布令的标题包括两种：一种是"领导人职务+令"，如《中华人民共和国主席令》；另一种是"发令机关+文种"，如《中华人民共和国国务院令》。发布令的发文字号往往采用序号式。

发布令的正文部分首先写明所要发布的法律法规、规章或条例,然后说明发布的依据,也就是批准机关或通过该法律法规的会议。最后是执行要求,施行或生效的日期。发布令一般以机关领导人的名义发布,落款处要署名。所发布的法律法规附在命令(令)主体后面。

例文:

国家市场监督管理总局令

第 19 号

《消费品召回管理暂行规定》已于 2019 年 11 月 8 日经国家市场监督管理总局 2019 年第 14 次局务会议审议通过,现予公布,自 2020 年 1 月 1 日起施行。

局长:×××

2019 年 11 月 21 日

消费品召回管理暂行规定

(略)

(二)行政令

行政令的标题由"发文机关+事由+文种"组成,三要素齐全。正文首先写明发文的缘由、根据和目的,实施的起始时间和范围。然后阐明命令事项的具体内容,如果内容较多,可以分条列出,要写得清楚明白。最后写明施行的要求,对违令者的处罚措施。行政令可以机关领导人的名义发布,或行政机关的名义发布。如果是领导人,应写明职务。

例文:

黑龙江省人民政府 2023 年森林草原防火命令

为有效预防和扑救森林草原火灾,确保人民生命财产和国家森林草原资源安全,根据《森林防火条例》《草原防火条例》《黑龙江省森林防火条例》和有关法律法规,结合我省实际,特发布如下命令:

一、森林草原防火期。2023 年全省春季森林草原防火期为 3 月 15 日至 6 月 15 日,其中 4 月 20 日至 5 月 20 日为春季森林草原高火险期;秋季森林草原防火期为 9 月 15 日至 11 月 15 日,其中 10 月 1 日至 31 日为秋季森林草原高火险期。(略)

二、严控野外火源。森林草原防火期内,除经依法批准外,在森林防火区禁止烧荒、烧秸秆、烧枝丫、烧煮加工山野菜、吸烟、烧纸、烧香、野炊、使用火把、点火取暖、燃放烟花爆竹和孔明灯、焚烧垃圾等野外用火行为。(略)

三、落实防火责任。严格实行地方各级政府行政首长负责制和部门、单位领导负责制,严格执行"三清单一承诺"和"两书一函"工作机制,从地方政府、职能部门、森林草原经营主体三个方面落实责任。(略)

四、强化监督检查。各地要依法开展全方位、拉网式森林草原火险隐患大检查,(略)。

任何单位和个人发现森林草原火情,应立即拨打 12119 森林草原火警电话报警。

省长 ×××

2023 年 3 月 4 日

(三)嘉奖令

嘉奖令的标题一般将发文机关、事由和文种写完整。正文部分首先写受嘉奖的集体或个人的先进事迹和功勋;然后写明给予受嘉奖者的荣誉称号或奖励措施;最后提出号召和希望,对有关人员提出向受嘉奖者学习的要求。嘉奖令如果是以国家机关领导人的名义发布的,需签署领导人的名字。

例文:

湖北省人民政府对中国航天三江集团公司的嘉奖令

各市、州、县人民政府,省政府各部门:

2017年1月9日12时11分,由中国航天三江集团公司研制的快舟一号甲固体运载火箭在中国酒泉卫星发射中心,以一箭三星的方式将吉林一号灵巧视频卫星03星、行云试验一号卫星、凯盾一号卫星准确送入预定轨道,圆满完成了首次商业发射任务。此次任务突破我国传统发射模式,首次采用商业发射合同组织形式,开创了中国商业航天发展的新篇章,在我国商业航天发展史上具有里程碑意义,是湖北省军民深度融合发展的又一重大成果。

航天产业是国家重点布局和支持的战略性新兴产业,商业航天已成为我国航天事业发展的新动力。目前,我省正在积极打造武汉国家航天产业基地,加快发展我省商业航天产业,对推动全省产业结构转型升级具有十分重要的意义。中国航天三江集团公司作为武汉国家航天产业基地建设的主体单位之一,坚持技术创新、商业模式创新和管理创新,克难攻坚,勇于探索,(略),开创了互联网时代商业航天发射服务的"快舟"模式。为表彰中国航天三江集团公司在推动湖北商业航天产业发展上作出的突出贡献,省人民政府决定予以通令嘉奖。

希望中国航天三江集团公司继续深入贯彻落实国家军民深度融合发展战略,牢固树立新发展理念,积极投身武汉国家航天产业基地建设,加大"快舟"系列型号火箭的研制及商业发射业务承接工作力度,着力培育壮大以商业航天为代表的战略性新兴产业,为我省加快推进"建成支点、走在前列"进程再立新功!

湖北省人民政府

2017年2月6日

(四)任免令

任免令主要用于任免干部和其他重要工作人员。其正文一般需简要说明人员的任免情况。直接写任免的依据,然后说明人员任职和免职的具体情况。如果任免的人员比较多,需把任免人员依次罗列出来。

例文:

××省人民政府关于××等同志的任免令

××省人民政府××年×月×日决定,任免下列工作人员:

任命：

　　××为××省人民政府办公厅巡视员，免去其××省人民政府办公厅助理巡视员职务；

　　××为××省科学技术厅助理巡视员；

　　××为××省建设厅总规划师(试用期一年)，免去其××省建设厅助理巡视员职务。

免去：

　　××的××省档案局局长职务；

　　××的××省发展和改革委员会助理巡视员职务。

××省人事厅

××年×月×日

第四节　公报

一、公报的含义

公报适用于公布重要决定或重大事项。公报作为党的机关公文出现时，一般用于党的中央机关发布重要决策。公报作为行政公文使用时，主要是国家和政府用以通报外国元首或政府首脑来访时的情况以及双方达成的共识，有时也用于政府统计机关发布统计结果。

二、公报的特点

(一)重要性

公报的发布机关级别高，以中央的名义发布，或者是国务院、全国人民代表大会常务委员会、国务院各部委、最高人民法院、最高人民检察院等机关发布，涉及的内容都是党内外、国内外瞩目的重大事件。

(二)公开性

公报就是"公开报告"，是公之于众的文件，没有主送机关、抄送机关，所有人都可阅读。涉密的事项和内容不可以用公报。

(三)新闻性

公报的内容都是最近发生的重大事件或国家机关做出的最新决定，是人民群众普遍关心、应知而未知的事项，要求制作和发布都要及时、迅速。公报一般在报纸等新闻媒体发布，因而具有新闻性的特点。

三、公报的类型

(一)会议公报

会议公报一般是党中央召开的重要会议，就会议情况或重要决定事项公开发布的公报，其内容必须是经过会议讨论并决定公开发布的，如《中国共产党中央纪律检查委员会第八次全体会议公报》。

（二）新闻公报

新闻公报是以新闻的形式将重大事件向党内外、国内外公布的公报。新闻公报通过新闻媒体公之于众，具有新闻的及时性和真实性，如《上海合作组织成员国元首理事会会议新闻公报》。

（三）联合公报

联合公报是国家之间、党派之间、党政之间、政府之间就某些重大事项或问题联合签署发布的文件，这些事项和问题是经过会谈或协商取得双方一致意见或达成谅解之后发布的，如《中华人民共和国和哈萨克斯坦共和国联合公报》。

（四）统计公报

统计公报是国家和政府统计机关发布的关于重大事件或重要事项统计数据的报道性公文，这些数据往往涉及国民经济、社会发展等方面，如《第二次全国农业普查主要数据公报》。

四、公报的写作格式

（一）标题

公报的标题可以只呈现"文种"，如《新闻公报》。会议产生的公报可以采用"会议名称+文种"的形式，如《中国共产党××届中央委员会第××次全体会议公报》，也可以用"事由+文种"的形式构成，如《××市××年国民经济和社会发展统计公报》。联合公报由发表公报的双方或多方国家的名称和文种构成，如《中华人民共和国政府和××共和国政府联合公报》。

（二）成文时间

公报的成文时间用括号在标题之下正中位置，注明发布的年、月、日。

（三）正文

公报的正文包括开头、主体、结尾三个部分。

关于重要事件的公报，开头部分要用简洁的语言概述事件的核心内容，包括事件发生的时间、地点、重大事件的简要过程。会议公报要求在开头概述会议的名称、时间、地点、参加人员等。联合公报要求概述公报的来由、时间、地点、双方国家的名称，举行的会谈或访问等内容。

主体是公报的核心内容，要求把公报的内容完整、系统、有序地表述清楚。会议公报的主体，介绍会议议定的内容和主要精神；联合公报和新闻公报的主体，写双方议定的事项；统计公报的主体，列出相关的数据。常见的写作结构有三种：

1. 分段式，即每段说明一层意思或一项决定。

2. 序号式，多用于内容复杂、问题头绪较多的公报，编排序号，以使条理清楚。

3. 条款式，多用于联合公报，采用分条列项的结构形式。

会议公报的结尾常提出号召、希望和要求等。新闻公报和联合公报可以补充意义、交代会议气氛或双方对会谈的肯定态度，及受邀回访的意向等；也可根据实际情况省略结尾部分。

（四）签署

联合公报要在正文之后写明双方签署人的身份、姓名，并写明签署时间和地点。会议公报和统计公报没有签署。

五、范例分析

2020年交通运输行业发展统计公报

交通运输部

2020年,交通运输行业在以习近平同志为核心的党中央坚强领导下,全面贯彻党的十九大和十九届二中、三中、四中、五中全会精神,坚持稳中求进工作总基调,立足新发展阶段,贯彻新发展理念,构建新发展格局,以推动高质量发展为主题,以深化供给侧结构性改革为主线,统筹推进疫情防控和经济社会发展交通运输各项工作,加快建设交通强国,为扎实做好"六稳"工作、全面落实"六保"任务,如期实现全面建成小康社会目标提供了坚强的交通运输保障。

一、基础设施

(一)铁路。

年末全国铁路营业里程14.6万公里,比上年末增长5.3%,其中高铁营业里程3.8万公里。铁路复线率为59.5%,电化率为72.8%。全国铁路路网密度152.3公里/万平方公里,增加6.8公里/万平方公里。

(略)

(二)公路。

年末全国公路总里程519.81万公里,比上年末增加18.56万公里。公路密度54.15公里/百平方公里,增加1.94公里/百平方公里。公路养护里程514.40万公里,占公路总里程99.0%。

(略)

(三)水路。

1.内河航道。

年末全国内河航道通航里程12.77万公里,比上年末增加387公里。等级航道里程6.73万公里,占总里程比重为52.7%,提高0.2个百分点。三级及以上航道里程1.44万公里,占总里程比重为11.3%,提高0.4个百分点。

(略)

2.港口。(略)

(四)民航。(略)

二、运输装备(略)

三、运输服务(略)

四、交通固定资产投资(略)

五、安全生产(略)

六、科技创新(略)

评析:这篇统计公报,写明了统计工作开展的时间、范围,提供了各有关方面的详细、完整的数据以及数据的来源。公报内容条理清楚,详细、有序,对客观、真实反映相关工作情况具有重要意义。

第五节　公告

一、公告的含义

公告适用于向国内外宣布重要事项或者法定事项。各级国家机关、人民团体、企事业单位均可使用公告这一文种。公告的适用范围是面向国内外,所公布的事项是重要的事项或法定的事项,一般是指国内外关注的大事、需要国内外周知的重要事项,还包括国家机关向国内外宣布有关事项的处理情况等。

二、公告的特点

(一)广泛性

公告的发布范围非常广泛,不仅包括国内所有社会组织和公民个人,还包括国外的机构和人群。也就是说,公告是在世界范围内公布,公告中公布的事项应该是在国内外都能构成影响的,只在国内或小范围区域有影响的事项不能使用公告。

(二)重大性

公告的内容必须是在国际国内都产生一定影响的重要事项,或依法必须向社会公布的法定事项,一般事项不能用公告。任何单位都不应拿公告当广告或启事使用。

(三)公开性

公告的传播方式具有公开性,一般不在党政机关之间运行,而是通过新闻媒介,如报纸、广播、互联网等公开发布。在内容上也具有一定的新闻性,都是新近发生的、群众应知而未知的事项。

三、公告的类型

从公告性质与作用的角度划分,主要包括以下四种类型:

(一)要事性公告

这类公告主要用于国家党政机关向国内外公布重大事项、重要事件。凡是涉及国家的政治、经济、军事、科技、教育、人事、外交、文化等方面的重要事项,都属于此类公告。如宣布重大国事活动、重大科技成果,答谢国外有关部门对我国重大活动的祝贺等。这类公告的作用主要是知照作用。

(二)法定性公告

这类公告主要用于对法律、法规和其他重要司法文件的发布,凡是按照我国宪法和法律规定必须予以公布的重大事项都使用此类公告。其作用与发布性命令(令)相似,不同的是,公告发布的法律文件通常更为重大,比如发布《宪法》的公告等。起到以国家机关的名义,向国内外公布法律文件的作用。这类公告的作者多为权力机关或立法机关,而且宣布法定事项的公告是具有程序性的,按照我国《宪法》的有关规定进行。

(三)任免性公告

这类公告主要用于向国内外公布人员职务任免事宜,这类人员多为国家领导人和政府重

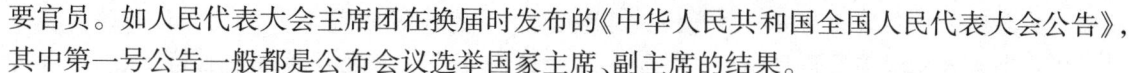

要官员。如人民代表大会主席团在换届时发布的《中华人民共和国全国人民代表大会公告》，其中第一号公告一般都是公布会议选举国家主席、副主席的结果。

四、公告的写作格式

（一）标题

公告的标题可以采用完整式的"发文机关+事由+文种"结构，如《中华人民共和国海关总署关于实行新进出境旅客申报制度的公告》，也可采用"发文机关+文种"的形式，如《全国人民代表大会常务委员会公告》，还可以省略发文机关，采用"事由+文种"的形式，如《关于发布水运工程测量定额的公告》。公告由于其公开发布的特点，标题也可以只呈现"文种"《公告》。

（二）发文字号

公告一般不编号，但如果是某一次重要会议或针对某一专门事项需连续发布几个公告时，应在标题下单独编号。

（三）正文

公告正文一般包括事由、事项和结尾三个部分。

开头的事由部分要说明公告的原因、根据和目的。主体的具体事项部分要写明所要告知的内容，包括时间、地点、事件、决定、要求等有关内容。内容简单可只用简洁的语言写一段即可；内容较多，则需分条列项来写。结尾部分可以提出希望、要求等，或用"现予公告""特此公告"等习惯语做结。

（四）落款

落款要写明公告的发文机关和成文日期。

五、范例分析

例文1：

市场监管总局关于加强固体饮料质量安全监管的公告
2021 年第 46 号

为进一步加强固体饮料质量安全监管，维护消费者合法权益，保障公众身体健康，依据《中华人民共和国食品安全法》《中华人民共和国未成年人保护法》等规定，现就有关事项公告如下：

一、固体饮料生产企业应当严格按照食品安全相关法律法规和标准规范要求组织生产，具备与所生产产品相适应的生产条件和检验控制能力，严格过程控制，保证食品安全。

二、固体饮料产品名称不得与已经批准发布的特殊食品名称相同；应当在产品标签上醒目标示反映食品真实属性的专用名称"固体饮料"，字号不得小于同一展示版面其他文字（包括商标、图案等所含文字）。

三、（略）

四、（略）

五、鼓励行业协会等社会组织发挥行业引导和自律作用，规范企业生产、销售和宣传行为；

鼓励学校加强未成年人食品安全和营养健康教育,倡导家长等消费者科学认知、理性消费。任何组织或个人若发现涉及违反本公告等规定的食品安全违法违规行为或侵犯消费者利益的,请拨打"12315"投诉举报。

本公告自 2022 年 6 月 1 日起实施。此前生产的产品,可在保质期内继续销售。

市场监管总局

2021 年 12 月 24 日

评析:这篇公告发布的内容是与国家经济发展相关的重要事项,属于要事性公告。标题采用"发文机关+事由+文种"的完整式,正文开头部分说明发布公告的依据,主体部分逐条说明公告事项的具体内容,最后说明施行日期。该文表述准确、条理清楚、语言精练。

例文 2:

国家外汇管理局公告

2022 年第 1 号

为规范国家外汇管理局及其分支机构(以下简称外汇局)行政处罚行为,保障和监督外汇局依法履行职责,保护公民、法人和其他组织的合法权益,根据《中华人民共和国行政处罚法》《中华人民共和国行政强制法》《中华人民共和国外汇管理条例》等相关法律法规,国家外汇管理局修订了《国家外汇管理局行政处罚办法》(见附件),现予公布,自 2022 年 6 月 1 日起施行。《国家外汇管理局行政处罚办法》(国家外汇管理局公告 2020 年第 1 号印发)同时废止。

附件:国家外汇管理局行政处罚办法

外汇局

2022 年 5 月 11 日

评析:这是一篇发布行政规章的法定性公告。标题由"发文机关+文种"的形式构成,标题之下标注了文号。正文部分概括了公告发布的依据、公告事项的具体内容,同时指出该公告的施行日期及相关说明,所发布的规章以附件形式附后。条理清晰,简洁明了。

六、公告的写作注意事项

1.公告是向国内外宣布重要事项,通常由国家领导机关制发。

2.公告的发布范围广泛,常通过新闻媒体发布。公告的受文者也非常广泛,一般不写受文单位。公告具有权威性,特别是那些带有强制性的公告,有关单位或人员须严格执行公告规定的事项。

3.公告事项应写得明确、具体,但不必写事项的过程,不必交代细枝末节,也不宜过多地解释或对事项发表议论。

4.公告的用语措辞要凝练庄重、准确而规范。公告多使用概括性词语,文字应力求简明、精练。

第六节　通告

一、通告的含义

通告适用于在一定范围内公布社会各有关方面应当遵守或者周知的事项。通告与公告的性质相近,都是普发性、周知性的公文。通告适用范围比较广泛,一般的机关、企事业单位甚至临时机构都可以使用。

二、通告的特点

(一)周知性

发布通告的目的是在一定范围内的人群或特定人群了解、周知,以使他们知晓有关政策法令、遵守某些规定事项,共同维护社会管理秩序。

(二)广泛性

通告的使用单位、涉及内容以及公布的方式都是多样的。从国家机关到地方各级政府以及企事业单位和社会团体,都可以发布通告。通告的内容可以涉及政治、经济、文化等领域内需要社会公众周知或遵照执行的事项。

(三)务实性

通告的内容一般直接指向某一项具体的事务,一般由专业主管部门在一定的业务范围内公布,如:交通、公安、工商、税务、城建、城管、环保、金融、能源等部门,多为局部的、具体的问题,务实性、行业性较强。

(四)强制性

通告的内容常常涉及国家的或相关行业领域的政策、法令,具有较强的约束性和强制性,这类通告一经发出,所涉及范围内的单位和人员必须严格遵守和执行。

三、通告的类型

(一)法规性通告

法规性通告主要是由权力机关、行政机关及司法机关发布的具有约束性的法规性文件,是在特定范围内要求有关单位或个人必须严格遵守执行的规定。法规性公告的强制措施比较多,大多是为了保证某个问题的解决或某一事项、活动的正常进行而制定,或者是公布一些令行禁止的事项,如交通管制、查禁违禁物品等的通告。

(二)知照性通告

这类通告主要用于向机关单位或个人公布应该在特定范围内知晓的事项,主要起到告知的作用。比如一些关于停水、停电、电话号码升位、公布某调查结果等事项的通告。

四、通告的写作格式

(一)标题

通告的标题一般采用"发文机关+事由+文种"的完整式结构,如《工业和信息化部关于电信业务资费实行市场调节价的通告》；也可以省略事由，只呈现"发文机关+文种"，如《中华人民共和国公安部通告》；或者省略发文机关，呈现"事由+文种"，如《关于清理整顿河道污染的通告》。通告具有公开发布性质，对于用于张贴或一些临时性通告，标题可以只写文种《通告》，如用于停水、停电等的临时性通告。

（二）发文字号

政府发布的通告，要有正规的发文字号，如"市政告字〔2016〕2 号"。一般行业管理部门发布的通告，可采取编号的形式，如"第×号"。一些基层单位发布的通告，则可以没有发文字号。通告是普发性、周知性公文，多用张贴或媒体形式发布，读者范围很广，所以不用主送机关。如果需要发布给特定对象，也要标注主送机关。

（三）正文

1.通告缘由。开头写明发布该通告的背景、目的或依据、意义。通过叙述相关的政策、法规依据或具体的实际情况来说明行文的原因。

2.通告事项。主体写明所发布通告的具体事项内容。通告事项是面对大众的，要求写得简洁明了、通俗易懂、便于把握。内容较多时，应做到条理分明、层次清晰。

3.结尾。通告的结尾可以写明执行要求，或提出号召或希望；也可写明执行日期，如"本通告自发布之日起实施。"或采用"特此通告。""此告。"等习惯用语结尾；有时也可直接结束。

（四）落款

通告的落款应写明发文机关名称和成文日期。

五、范例分析

交通运输部关于船舶在航海日挂满旗和统一鸣笛的通告

中华人民共和国交通运输部通告 2020 年第 2 号

经国务院批准，每年 7 月 11 日为"中国航海日"，同时也作为"世界海事日"在我国的实施日期。为广泛宣传"航海日"的重要意义，营造热烈的节日气氛，交通运输部决定：

一、2020 年 7 月 11 日当天日出至日落，中国籍民用船舶、中国航运企业拥有或光租的非中国籍船舶挂满旗。我国航运、港口、船舶代理、海事、救捞、水运工程等涉海管理机关、企事业单位、科研院校和交通运输系统非涉海的各单位，可参照船舶挂满旗的方式悬挂旗帜。

二、除在限制鸣笛的特殊水域或在港作业的船舶外，中国籍民用船舶、中国航运企业拥有或光租的非中国籍船舶 2020 年 7 月 11 日上午 9 时整开始持续鸣笛 1 分钟。

特此通告。

交通运输部

2020 年 7 月 2 日

评析：这篇通告的事项要求在特定范围内周知，采用完整式的标题形式。第一部分写明了通告发布的依据和目的；第二部分的通告事项采用分条的形式说明具体内容；最后用通告的惯用语结尾。整篇通告内容简洁明了,措辞严谨规范,便于理解和掌握。

第七节　意见

一、意见的含义

意见适用于对重要问题提出见解和处理办法,是上级机关、同级机关或主管部门,针对当前或将来要进行的主要工作和亟待解决的重大问题提出原则性的要求和具体的处理办法。意见以下行文为主,但如果上级机关要求下级就某个问题发表意见,下级机关也可使用"意见"向上级机关行文。同级别机关之间也可以用"意见"行文。

二、意见的特点

(一)多向性

意见的行文方向具有多向性。可用于上级机关对下级机关提出指导性、规定性意见,也可用于下级机关对上级机关提出建议性见解,也可以用于同级机关或不相隶属机关之间互相提出建议或意见。所以,意见的行文方向可以上行、平行、下行。

(二)针对性

意见的内容是根据现实的需要,针对某一具体工作或某一重要问题,提出的见解或处理建议,具有较强的针对性。

(三)多样性

意见的作用具有多样性。由于意见的行文方向多样,决定了意见可以用来指导下级机关工作,具有较强的约束性和执行性。作为上行文时,意见又具有提出建议请求上级机关批准的功能;作为平行文时,具有对同级机关或不相隶属机关提供参考或协商的功能。

三、意见的类型

(一)指导性意见

指导性意见是作为下行文的意见,上级机关对于重要问题向下级机关提出见解和处理办法。这种意见具有很强的约束性和执行性,下级机关必须认真贯彻执行。

(二)建议性意见

建议性意见是作为上行文的意见,用于下级机关针对有关工作向上级机关提出意见和建议,分为呈报类建议意见和呈转类建议意见。呈报类建议意见仅供上级机关参考,不请求批转,但呈转类建议意见则请求上级机关批转。建议性意见常涉及几个相关的同级机关,主办机关事先应与其他有关单位协商一致后方可行文。上级机关接到这种意见之后,应及时做出处理或给予答复。

(三)征询性意见

征询性意见用于平级机关之间,就有关问题进行协商交流,所提出的意见和建议,供对方参考,不带有指示性和强制性。

四、意见的写作格式

（一）标题

意见的标题一般采用完整式的"发文机关+事由+文种"的形式结构,如《国务院办公厅关于加强和规范各地政府驻京办事机构管理的意见》;也可省略发文机关名称,采用"事由+文种"的形式结构,如《关于建立普通高中家庭经济困难学生国家资助制度的意见》。

（二）主送机关

意见一般需要写明主送机关,根据行文的需要,分别为上级机关、平级机关和下级机关。上行的意见只有一个主送机关,下行的意见经常有多个主送机关。

（三）正文

意见的开头先写明发文的缘由,用概括的语言写明提出意见的依据、背景和目的。过渡语为"现就有关问题提出如下意见"或"为此,提出如下意见"等,过渡到下文。

意见的主体部分具体写明对问题的见解和处理办法,包括目标、任务、实施要求、措施办法等,一般采用分条列项的形式,使之条理清楚。如果内容较多,也可以采用列小标题的形式来标注层次,小标题下再分条叙述。

结语部分可采用惯用语,如"以上意见,请结合实际情况贯彻执行。"用于指导性意见或实施性意见。"以上意见供参考。"一般用于呈报性意见。"以上意见如无不妥,请批转××执行。"用于呈转性意见。有的意见也可以不用结语,自然结尾即可。

（四）落款

意见的落款应署上发文机关名称,并标明成文日期。

五、范例分析

文化和旅游部关于推动数字文化产业高质量发展的意见

文旅产业发〔2020〕78 号

各省、自治区、直辖市文化和旅游厅（局）,新疆生产建设兵团文化体育广电和旅游局,本部各司局、各直属单位,国家文物局:

为贯彻落实党中央、国务院决策部署,实施文化产业数字化战略,推动数字文化产业高质量发展,现提出以下意见。

一、总体要求

（一）指导思想

以习近平新时代中国特色社会主义思想为指导,深入贯彻党的十九大和十九届二中、三中、四中、五中全会精神,坚定不移贯彻新发展理念,坚持稳中求进工作总基调,以推动高质量发展为主题,以深化供给侧结构性改革为主线,以改革创新为根本动力,以满足人民日益增长的美好生活需要为根本目的,顺应数字产业化和产业数字化发展趋势,实施文化产业数字化战略,加快发展新型文化企业、文化业态、文化消费模式,改造提升传统业态,提高质量效益和核心竞争力,健全现代文化产业体系,围绕产业链部署创新链、围绕创新链布局产业链,促进产业链和创新链精准对接,推进文化产业"上云用数赋智",推动线上线下融合,扩大优质数字文化产品供给,促进消费升级,积极融入以国内大循环为主体、国内国际双循环相互促进的新发展格局,促进满足人民文化需求和增强人民精神力量相统一。

（二）基本原则

坚持导向,提升内涵。牢牢把握正确导向,坚持守正创新,坚持以社会主义核心价值观为引领,把社会效益放在首位,实现社会效益和经济效益相统一,充分发掘文化资源,提高数字文化产业品质内涵,讲好中国故事,展示中国形象,弘扬中国精神。

创新引领,激活市场。（略）

数据驱动,科技支撑。（略）

融合发展,开放共享。（略）

（三）发展目标（略）

二、夯实数字文化产业发展基础（略）

三、培育数字文化产业新型业态（略）

四、构建数字文化产业生态（略）

五、保障措施（略）

文化和旅游部

2020 年 11 月 18 日

评析:这是一篇指导性意见,标题采用完整式形式。正文采用总分式结构,首先说明提出此意见的有关背景情况和发文目的,点明总体要求,提出指导思想、基本原则和发展目标,接着列出具体的指导意见,提出有针对性的方法、措施和要求。这篇意见逻辑清楚,语言简洁有力,是常见的下行意见写作方式。

第八节　通知

一、通知的含义

通知适用于发布、传达要求下级机关和有关单位周知或执行的事项,批转下级机关公文、转发上级机关和不相隶属机关的公文,以及任免人员。通知的主要目的是把需要传达和告知的事项,让有关机关和人员知晓,并遵守和执行。通知是一种使用频率很高的公文,国家行政机关、企事业单位、群众团体都可以使用,主要用于下行文或平行文。

二、通知的特点

（一）广泛性

通知的制发不受发文机关的级别限制,使用单位多,无论哪一级机关、单位都可以使用。行文路线没有严格限制,一般是作为上级机关对下级机关的下行文,但平级机关之间、不相隶属机关之间都可以使用通知。通知的内容广泛,可以涉及国家生活和社会生活的各个方面,如发布法规、规章、政策,布置任务,部署工作,告知事项,转发上级、同级、下级机关的公文,召集会议等,都可以使用通知。

(二)指导性

通知一般具有指导性,上级机关向下级机关部署和指导工作、批转和转发文件等,指出处理问题或事项的原则和方法,提出相应的要求,使下级单位遵照执行。有的通知的主要作用是告知,但告知的内容本身往往也具有指导性。

(三)时效性

通知事项一般是要求有关单位和人员迅速知晓、执行或办理的,具有较强的时效性。下级机关在收到相关通知后必须在规定时间内执行或办理,不得拖延。另外,有些通知只在一定的时期内有效,特别是一些会议通知,过期之后,该通知就失去了效力。

三、通知的类型

(一)批转、转发性通知

批转性通知用于上级机关批转下级机关的公文,以便让所属单位或人员周知或执行。转发性通知主要用于转发上级机关、同级机关或不相隶属机关的公文。

(二)发布性通知

发布性通知主要用于发布各级领导机关制定的行政法规、规章、条例、规定、办法和措施等。

(三)事务性通知

事务性通知主要用于向下级机关传达需要周知或要求执行的具体事项,包括部署工作、布置任务、开展活动、交代方法、阐明原则、召开会议、设置机构等。

(四)告知性通知

告知性通知主要用于向各级单位传达信息、告知情况、公布人员任免,处理机关事务、管理日常工作,如机构成立或撤销、启用或废止公章、变更组织名称、地址变更、召开会议、出版发行等,以及一些临时性事务工作的办理。这类通知起到告知、通晓的作用,不需要直接执行或办理。

四、通知的写作格式

(一)标题

通知的标题一般采用完整式结构"发文机关+事由+文种",如《国务院办公厅关于2014年部分节假日安排的通知》,也可以省略发文机关名称,直接以"事由+文种"的形式构成标题,如《关于进一步加强安全生产工作的通知》。

(二)主送机关

通知的发文对象一般都很明确,因此需要标注主送机关。

(三)正文

通知正文的写作,一般应包括发文缘由、通知事项与执行要求等。

开头部分应写明通知的缘由,就是发出该通知的原因;写明有关背景、根据、目的、意义等。主体部分应写明通知的具体事项,一般分条列项来写,写明需要发布的指示,安排的工作,提出的方法、措施和步骤等。

在通知的结尾处应写明执行要求,也就是对于贯彻落实该通知的事项所提出的要求、时间期限等;也可以提出希望、发出号召。篇幅短小的通知一般也可省略结尾部分。

通知的正文结束处,一般加上结束语"特此通知。",起到强调和引起重视的作用。

(四)落款

通知在落款处应标明发文机关名称以及成文日期。

五、范例分析

(一)批转性通知

批转性通知标题通常为"发文机关+'批转'原发文机关+事由+文种"的形式,写明原发文机关便于受文单位知晓批转的是哪个机关单位的什么文件。批转性通知的正文内容一般比较简洁,表明同意某个文件并要求贯彻执行,然后将批转件的原文附后即可。

例文:

国务院批转国家发展改革委
关于 2017 年深化经济体制改革重点工作意见的通知
国发〔2017〕27 号

各省、自治区、直辖市人民政府,国务院各部委、各直属机构:

国务院同意国家发展改革委《关于 2017 年深化经济体制改革重点工作的意见》,现转发给你们,请认真贯彻执行。

国务院

2017 年 4 月 13 日

关于 2017 年深化经济体制改革重点工作的意见

(略)

评析:这篇批转性通知审批同意下级单位意见,并转发给所辖其他下级单位。全文用一句话交代了转发的文件和转发的对象,用"同意"一词表明对于被批转文件的态度,接着从总体上强调落实要求,并将转发的文件内容附后,以便于下级单位贯彻执行。

(二)转发性通知

转发性通知主体部分要简洁地表明发文机关的态度,并提出贯彻执行的要求。

例文:

国务院办公厅转发国家发展改革委 交通运输部
关于进一步降低物流成本实施意见的通知
国办发〔2020〕10 号

各省、自治区、直辖市人民政府,国务院各部委、各直属机构:

国家发展改革委、交通运输部《关于进一步降低物流成本的实施意见》已经国务院同意，现转发给你们，请认真贯彻执行。

国务院办公厅

2020 年 5 月 20

（此件公开发布）

关于进一步降低物流成本的实施意见

（略）

评析：这篇转发性通知，在标题中标明了被转发文件的发文机关以及被转发文件的主要内容。正文简短地写明被转发文件名称，表明上级机关的态度，并提出贯彻执行的要求。被转发的文件全文内容附后。

（三）发布性通知

发布性通知的结构与批转、转发性通知类似，需要体现所发布文件的内容，一般还需说明发布文件的实施时间、相关要求等。

例文 1：

国务院关于发布第九批国家级风景名胜区名单的通知
国函〔2017〕40 号

各省、自治区、直辖市人民政府，国务院各部委、各直属机构：

第九批国家级风景名胜区名单已经国务院审定，现予发布。

风景名胜资源是中华民族珍贵的、不可再生的自然文化遗产。各有关方面要加强组织领导和协调配合，按照科学规划、统一管理、严格保护、永续利用的原则，切实做好风景名胜资源的保护和管理工作，促进风景名胜区可持续发展。

国务院

2017 年 3 月 21 日

（此件公开发布）

例文 2：

财政部 教育部关于印发《中小学校财务制度》的通知
财教〔2022〕159 号

国务院有关部委、有关直属机构，各省、自治区、直辖市、计划单列市财政厅（局）、教育厅（教委、教育局），新疆生产建设兵团财政局、教育局：

为进一步规范中小学校财务行为，加强财务管理和监督，提高资金使用效益，促进中小学校事业健康发展,根据《事业单位财务规则》(财政部令第 108 号)和国家有关法律法规,财政部会同教育部对《中小学校财务制度》进行了修订。现印发给你们,请遵照执行。

附件:中小学校财务制度

财政部

教育部

2022 年 7 月 14 日

评析:发布性通知所发布或印发的文件都是比较重要的文件。这类通知正文通常都比较简短,交代发布的对象、实施时间、实施要求等,也可根据需要说明文件发布的目的或重要意义等,所发布的文件直接附后,印发的文件一般以附件的形式附后。

(四)事务性通知

事务性通知应直接叙述相关事项,概述实际情况,交代发文背景,指出发文依据和目的。在主体部分应写明具体的通知内容,要求条理清楚,各项任务布置、方法、步骤、要求等要具体。

例文:

教育部办公厅关于建立高校毕业生毕业去向登记制度的通知

教学厅〔2023〕5 号

各省、自治区、直辖市教育厅(教委),新疆生产建设兵团教育局,有关省、自治区人力资源社会保障厅,部属各高等学校、部省合建各高等学校:

《国务院办公厅关于进一步做好高校毕业生等青年就业创业工作的通知》(国办发〔2022〕13 号)要求,从 2023 年起,不再发放《全国普通高等学校本专科毕业生就业报到证》和《全国毕业研究生就业报到证》(以下统称就业报到证),取消就业报到证补办、改派手续,不再将就业报到证作为办理高校毕业生招聘录用、落户、档案接收转递等手续的必需材料;教育部门建立高校毕业生毕业去向登记制度,作为高校为毕业生办理离校手续的必要环节。为落实相关要求,现就建立高校毕业生毕业去向登记制度通知如下。

一、规范做好高校毕业生去向登记

规范做好高校毕业生去向登记是落实取消就业报到证改革的新要求,是客观反映高校毕业生就业状况的基础工作,是毕业生办理户籍和档案转递接收的重要依据。各地各高校要高度重视,规范有序做好各环节相关工作。

(一)各地要明确本地毕业生去向登记办法。(略)

(二)高校要指导毕业生做好离校前去向信息自主登记。(略)

(三)毕业生离校时要确认去向登记信息。(略)

(四)做好去向登记信息上报汇总。(略)

二、按需提供毕业去向登记信息查询核验服务

(略)

三、工作要求

(一)加强业务培训。(略)

(二)加强工作衔接。(略)

（三）加强宣传引导。（略）

教育部办公厅
2023 年 6 月 8 日

评析：这篇事务性通知主要是部署工作任务，正文部分包括发文缘由、通知事项、执行要求和步骤安排等。首先指出该通知的发文依据和目的，用过渡句引出下文。通知正文的主体部分，用分条列项的写法对每一项工作逐一进行安排部署，提出工作重点和工作要求，并指出各项工作完成的形式和质量要求。

（五）告知性通知

告知性通知是将有关事项告知受文单位，包括人事调整、机构设置、迁移办公地址等内容。开头应写明发文的缘由，指出告知事项的背景、依据、目的；过渡语一般为"具体安排通知如下"，引出下文。正文按照分条列项的方式，写明事项、执行方法、要求等。

例文：

国务院办公厅关于 2023 年部分节假日安排的通知
国办发明电〔2022〕16 号

各省、自治区、直辖市人民政府，国务院各部委、各直属机构：

经国务院批准，现将 2023 年元旦、春节、清明节、劳动节、端午节、中秋节和国庆节放假调休日期的具体安排通知如下。

一、元旦：2022 年 12 月 31 日至 2023 年 1 月 2 日放假调休，共 3 天。

二、春节：1 月 21 日至 27 日放假调休，共 7 天。（略）

三、清明节：4 月 5 日放假，共 1 天。

四、劳动节：4 月 29 日至 5 月 3 日放假调休，共 5 天。（略）

五、端午节：6 月 22 日至 24 日放假调休，共 3 天。6 月 25 日（星期日）上班。

六、中秋节、国庆节：9 月 29 日至 10 月 6 日放假调休，共 8 天。（略）

节假日期间，各地区、各部门要妥善安排好值班和安全、保卫、疫情防控等工作，遇有重大突发事件，要按规定及时报告并妥善处置，确保人民群众祥和平安度过节日假期。

国务院办公厅
2022 年 12 月 8 日

（六）任免性通知

任免性通知内容简单，将任免的情况列出即可，写明决定任免的时间、机关、所依据的文件或会议等，任免人员的职务、级别待遇等。结尾一般用"特此通知。"作为结束语。

例文：

关于香港特别行政区政府××、××职务任免的通知

香港特别行政区政府：

依照《中华人民共和国香港特别行政区基本法》的有关规定,根据香港特别行政区行政长官××的提名和建议,国务院 2016 年 4 月 5 日决定:任命××为入境事务处处长;免去××的入境事务处处长职务。

国务院

2016 年 4 月 5 日

六、通知的写作注意事项

1. 注意明确作为文件的通知与一般日常工作性通知的区别。作为文件的通知需严格按照文件的规范来处理,而日常工作性通知只是单位内部一般的事务文书,其性质和职能不同,使用时不能混淆。会议通知一般属于日常工作中的"会务文书",但有些重要会议的通知,也可以用正式文件的形式发布,这时的"会议通知"就带有部署工作的职能,要求有关部门和人员认真办理、严格执行。

2. 批转类通知一般是上级党委、政府批转下级职能部门的上行意见等,批转后下级机关的意见等即具有和上级机关一样的效力,反映了批转机关的意志和权威,对受文单位发挥了重要的领导和指导作用。党委、政府的办公厅(室)代转发部门意见的情况,是所通知的内容涉及面较小,在全局工作中位置不是很突出但又必须经过党委、政府的批准,因此采取代为转发的形式变通,行文中须加"经××党委(政府)同意"字样。

3. 撰写通知要做到主题集中,一文一事,重点突出。相应的措施和要求一定要明确,落实到具体的时间、责任单位或部门、工作方式等方面。通知的行文相对比较灵活,但其要求收文单位执行的效力和其他文种是一样的,因此要求观点要严谨,态度要鲜明。

4. 如通知的事项非常重要,可以在通知的标题中标明"重要通知";如通知的事项特别紧急,可在标题中标明"紧急通知";如通知的事项是对上一个通知的补充,应在标题中标明"补充通知"。

第九节　通报

一、通报的含义

通报适用于表彰先进、批评错误、传达重要精神或者说明情况。通报的应用范围比较广泛,不受发文机关级别高低的限制,各级党政机关和各类单位都可以使用。从行文关系来看,通报大部分属于下行文,通过反映有关典型事例或情况,表达了上级机关、领导部门的意图和精神,具有领导和指导性,具有知照性的情况通报可以作为平行文传递给同级机关或不相隶属机关。

二、通报的特点

(一) 典型性

通报的人或事必须是带有普遍性、代表性的,是能够反映和揭示事物的本质规律的典型人物、典型事件或典型情况,这样才能使人们受到启迪、提高认识,才能发挥通报的宣传教育作用。

(二)引导性

采取通报的形式进行的表彰、批评或说明情况,其目的都是通过典型的人或事,使有关单位和人员学习先进典型、总结失败的教训或了解事实情况,引导人们总结经验、吸取教训、树立正确的观念。

(三)时效性

通报行文的目的在于尽快把情况传达出去,以引起广泛关注,促进相关工作的开展。因此通报的时效性很强,通报的制发与传递必须及时、迅速、快捷,才能充分发挥对工作的指导作用。

(四)真实性

通报表扬、批评或告知情况、传达精神,要求必须实事求是,是对当前现实工作中的人或事的客观反映,内容必须是真实的,要求准确无误。

三、通报的类型

(一)表彰性通报

表彰性通报主要用于表扬先进人物或先进集体,介绍先进事迹、总结成功经验,宣传好的典型,树立榜样,号召大家向典型学习。

(二)批评性通报

批评性通报主要用于批评错误,针对工作中出现的重大事故、重大失误、错误倾向、不良风气等做出批评和处分。发出这类通报的目的是列出反面典型,吸取教训,教育相关单位及人员,以示警诫。

(三)情况通报

情况通报又可以叫作事项性通报,主要用于在一定范围内传达信息、沟通情况、互通情报。专题性情况通报是专门针对某一件事、某一情况而发出的通报;综合性情况通报是就某几个方面的情况所发出的通报。情况通报的作用是进行交流沟通,以引起广泛关注,对于工作的开展提供指导或参考,或传达领导机关意图,以统一行动和认识,共同完成任务。

四、通报的写作格式

(一)标题

通报一般采用完整式标题"发文机关+事由+文种"的结构形式,如《山东省人民政府关于表彰全省先进民营企业的通报》;也可以省略发文机关名称,以"事由+文种"的形式为标题,如《关于表彰2013年度全省政府系统优秀调研成果的通报》。

(二)主送机关

通报的发文针对性一般都很强,向直属下级单位或需要了解情况的有关机关制发,因此,通报应写明主送机关。向社会制发的普发性通报,一般不用标注主送机关。

(三)正文

通报的正文应包括:通报的缘由、具体事项、分析评论、通报决定以及希望和要求。

针对通报的具体事项,表扬性通报应先写出先进事迹,分析其反映出的教育意义。批评性通报要写出错误行为、错误事实的发展过程、性质、危害、结论等。传达重要情况和重要精神的通报,要写明具体内容、性质、发展趋势等。通报决定部分,表扬性通报应写明所给予的精神或物质的奖励,批评性通报应写出处分决定及处分的依据。

通报通常采用说明、叙述和议论三种表述方式。通报的缘由、决定一般用说明性语言,通报的事项一般用叙述性语言,通报的分析评论和希望要求一般用议论性语言。

(四)落款

通报的落款处应写明通报的制发机关,以及成文日期。

五、范例分析

(一)表彰性通报

表彰性通报要先阐述先进事迹,然后分析主要经验、意义,值得学习和发扬的精神,接着说明表彰的奖项、所给予的称号等,最后是提出希望、要求和号召。如果表彰对象过多,可以附件的形式展示。介绍取得先进经验或突出成绩的相关事迹时,要具体介绍取得经验和成绩的典型做法和成功经验,并做进一步分析。

例文:

国务院办公厅关于对国务院第九次大督查
发现的典型经验做法给予表扬的通报
国办发〔2022〕33 号

各省、自治区、直辖市人民政府,国务院各部委、各直属机构:

为进一步推动中央经济工作会议部署和《政府工作报告》确定的重点任务以及稳住经济一揽子政策措施和接续政策措施落地见效,国务院部署开展了第九次大督查。从督查情况看,各有关地区在以习近平同志为核心的党中央坚强领导下,以习近平新时代中国特色社会主义思想为指导,认真贯彻落实党中央、国务院重大决策部署,(略),保持经济社会发展大局总体稳定。在对19个省(自治区、直辖市)和新疆生产建设兵团开展实地督查时发现,有关地方围绕稳增长、稳市场主体、稳就业保民生、保产业链供应链稳定、深化"放管服"改革优化营商环境等方面,结合实际积极探索、主动作为,创造和形成了一批好的经验做法。

为表扬先进,宣传典型,进一步调动和激发各方面干事创业、改革创新的积极性、主动性和创造性,推动形成克难攻坚、奋勇争先的良好局面,经国务院同意,对山西省强化煤炭增产保供保障能源安全等60项典型经验做法予以通报表扬。希望受到表扬的地方珍惜荣誉,再接再厉,充分发挥模范示范和引领带动作用,不断取得新的更大成绩。

各地区各部门要全面贯彻党的十九大和十九届历次全会精神,坚持稳中求进工作总基调,完整、准确、全面贯彻新发展理念,加快构建新发展格局,着力推动高质量发展,(略)尽责担当、扎实工作。要学习借鉴典型经验做法,加大宣传推广力度,结合实际迎难而上、砥砺奋进,为保持经济平稳运行和社会大局稳定作出积极贡献,以实际行动迎接党的二十大胜利召开。

附件:国务院第九次大督查发现的典型经验做法(共 60 项)

国务院办公厅
2022 年 9 月 27 日

评析:这篇表彰性通报,题目采用"发文机关+事由+文种"的完整形式。正文首先概述了发文缘由、相关工作的背景、所通报的事项、取得的成绩,接着说明通报决定,最后提出希望与号召。表彰内容以附件形式附后。结构层次明晰,逻辑缜密。

(二)批评性通报

批评性通报要抓住错误事实,说明情况、寻找根源,明确责任,阐明处理决定,使人们能够从中吸取教训。批评性通报要分析错误的性质、危害,为了防止和杜绝此类错误再发生,结尾处一般会有针对性地提出防范和整改措施或相关规定。

例文:

住房和城乡建设部 国家文物局
关于部分保护不力国家历史文化名城的通报
建科〔2019〕35 号

各省、自治区住房和城乡建设厅、文物局(文化和旅游厅),(略):

为贯彻落实习近平总书记关于历史文化保护的重要批示指示精神,进一步加强历史文化名城名镇名村保护工作,2017 年至 2018 年,住房和城乡建设部、国家文物局组织开展了国家历史文化名城和中国历史文化名镇名村保护工作评估检查。评估检查发现,××省××市存在在古城内大拆大建、大搞房地产开发问题,××省××市存在在古城或历史文化街区内大拆大建、拆真建假问题,××省××市存在破坏古城山水环境格局问题,××省××市存在搬空历史文化街区居民后长期闲置不管问题。鉴于上述问题导致国家历史文化名城历史文化遗存遭到严重破坏,历史文化价值受到严重影响,现决定对××市、××市(略)予以通报批评。

××省、××省(略)住房和城乡建设厅、文物局(文化和旅游厅)要督促上述城市人民政府总结分析历史文化名城保护存在问题及原因,抓紧制定整改方案,及时落实整改措施,防止情况继续恶化,并于 2019 年 5 月 31 日前将整改情况报告分别报住房和城乡建设部、国家文物局。对于整改不到位的城市,住房和城乡建设部、国家文物局将提请国务院撤销其国家历史文化名城称号。

各地要以习近平新时代中国特色社会主义思想为指导,进一步提高政治站位,按照《中华人民共和国文物保护法》《历史文化名城名镇名村保护条例》等法律法规要求,健全保护制度,完善保护规划,严格规划实施,加大保护投入,加强监督管理,切实保护好历史文化名城名镇名村,延续城乡历史文脉,保护中华文化基因,促进城乡高质量发展。

中华人民共和国住房和城乡建设部
国家文物局
2019 年 3 月 14 日

评析:这篇批评性通报,先概括出所要批评的主要事实、事件的背景和依据。随后展开分析评论,指出其错误本质,说明这类情况所造成的危害,明确要求予以纠正,表明所做出的批评决定,提出整改措施。最后针对此类情况提出希望和要求。这种结构和语言是批评性通报的常用模式,严谨而且逻辑性强。

(三)情况通报

情况通报一般具有知照的作用,目的是传达重要精神和告知重要情况。正文部分需要对相关情况进行全面、充分的叙述,并进行简要的分析,最后得出结论。

例文:

国务院办公厅关于2016年第二次全国政府网站抽查情况的通报

国办函〔2016〕68号

各省、自治区、直辖市人民政府,国务院各部委、各直属机构:

为进一步加强全国政府网站信息内容建设,更好地发挥其政务公开和服务群众主平台作用,国务院办公厅组织开展了2016年第二次全国政府网站抽查。现将有关情况通报如下:

一、总体情况

2016年6月,按照《国务院办公厅关于开展第一次全国政府网站普查的通知》(国办发〔2015〕15号)确定的检查标准,国务院办公厅随机抽查了各级政府网站746个,大部分政府网站内容保障水平显著提升(略)。

二、抽查发现的主要问题(略)

三、有关工作要求

各地区、各部门要高度重视政府网站管理工作,建立完善常态化监管机制,切实提高本地区、本部门政府网站的建设管理水平。(略)

对本次通报的问题网站,各有关地区和部门要采取有力措施进行整改,并于8月15日前将整改情况书面报送国务院办公厅政府信息与政务公开办公室。

附件:1.各地区政府网站抽查情况

2.国务院部门及其内设、垂直管理机构政府网站抽查情况

3.抽查发现存在突出问题的政府网站名单

国务院办公厅

2016年7月18日

评析:这是一篇典型的情况通报,反映的是国务院办公厅对全国政府网站的抽查情况,所通报的情况具有明确的目的性和针对性,除了对总体情况的通报外,还分析了存在的问题,以及对有关部门的要求。相关的数据、表格和名单作为附件附后。

六、通报的写作注意事项

1.通报讲究时效性,行文一定要及时。嘉奖和表彰先进的文种除了通报之外,命令(令)和决定也可作为嘉奖、表彰类公文,区别在于,"命令(令)"的被嘉奖单位和人员必须是在全国

等大范围内有重大影响的先进典型,一般要授予荣誉称号;"决定"表彰的事项是在全国或某一地区、某一系统内有较大影响,但不一定授予荣誉称号;"通报"则为表彰一般性的先进典型事项。

2. 批评性通报和奖惩决定相比较,"决定"所惩戒的有关单位和人员,其错误和过失都比较严重,具有较大范围的教育意义;"通报"批评的错误或事故,其影响力具有一定的限度,告知的对象是在一定范围内的单位和群众,发通报的目的主要是起警诫作用,而且可以采用张贴的形式进行发布。

3. 通报的人或事一定要具有典型性、代表性。对事项的分析评论要上升到一定的理性认识高度,切忌就事论事。

4. 通报重在传达和告知,是对正反面的典型或重要情况的通报,以使有关单位和群众知晓,一般不具有指令性。

第十节　报　告

一、报告的含义

报告适用于下级机关向上级机关汇报工作、反映情况以及答复上级机关的询问或要求,属于具有陈述性的上行公文。报告的适用范围比较广泛,一般按照上级部署或工作计划,每完成一项重要工作,都要向上级机关呈送报告,汇报工作的情况、取得的成绩和存在的问题、今后工作的设想等。报告还可以用来答复上级机关的询问事项等。

二、报告的特点

(一)汇报性

报告是下级机关向上级机关或业务主管部门汇报工作、反映情况和反馈信息,其内容具有汇报性的特点。上级机关通过下级机关的报告,可以及时了解下级机关的工作情况,以便实施科学的领导。

(二)单向性

报告是下级机关向上级机关行文,是为上级机关制定方针政策、实施指导提供依据,一般不需要上级机关的批复,属于单向行文。而且报告只能是下级机关向上级机关呈递,平行机关和不相隶属机关之间行文不能使用报告。

(三)广泛性

报告的广泛性主要是指作者的广泛性,报告的作者不受机关性质和机关级别高低的限制,各种不同性质和级别的所有单位和组织均可以使用报告。

三、报告的类型

(一)工作报告

工作报告是指向上级机关汇报工作情况、总结工作经验、汇报工作进展状况。综合性工作报告反映的是工作的全面情况,通常是将上一个阶段工作情况的全面汇报与下一个阶段的工作计划相结合的报告。专题性工作报告是就某一专项工作向上级机关进行汇报,一般一事一报,篇幅不长。

(二)情况报告

情况报告是对工作中出现的新情况、新问题向上级进行汇报,还包括工作中遇到的重大问题、突发事件、特殊情况、意外事故、个别问题的处理情况等。情况报告对于上级机关及时了解事态的性质、原因、动态、发展有重要作用。

(三)答复报告

答复报告是针对上级机关询问,上报某一方面的情况、答复某一问题的办理结果,或被征询针对准备出台的政策措施提出的意见和建议。答复报告主要用于答复上级询问,属于被动行文,具有很强的针对性。

(四)报送报告

报送报告是在向上级机关报送文件、物品或有关材料时使用的报告。报送报告只需说明报送物品的名称、数量、质量、目的等即可,比较简略。

四、报告的写作格式

(一)标题

报告的标题一般采用"发文机关+事由+文种"的完整形式,如《××省经济委员会关于经贸工作情况的报告》;也可以省略发文机关,采用"事由+文种"的形式,如《关于改进企业工资基金管理办法的报告》。综合工作报告的标题可以省略介词结构"关于……的",如《××省人民政府××年工作报告》。

(二)主送机关

报告属于上行文,主送机关为直接的上级机关,一般只有一个主送机关,如果是受双重领导的机关可以采用主送一个机关,根据需要抄送另一个机关的原则;如果必须同时报给两个上级机关,也可以把两个上级机关都列为主送机关。报告一般情况下不要越级。

(三)正文

报告的正文一般包括三项内容:缘由、主体和结语。

缘由部分要概述呈递报告的原因、目的、根据、意义,用过渡句"现将有关情况报告如下"承启下文。答复报告的开头应引述来文的标题、发文字号。

主体应详述报告事项,将工作的主要情况、工作过程、措施和步骤、取得的成绩和存在的问题,以及今后的打算或意见建议等表述出来。应注意逻辑清晰,层次分明。主体的层次要根据不同的写作目的,视情况和需要而定,可以按照工作的进程,也可以按照事项或情况的性质来写,没有固定要求,但一定要能够使上级机关清楚而快捷地把握情况。

在报告的主体之后,一般需标明结语。常用的结语是:"特此报告。""以上报告,请审阅。""以上报告,请审核。""以上报告,请指正。"等。请求批转的报告的结语采用"以上报告,如无不妥,请批转有关单位贯彻执行。"等。

(四)落款

报告的落款应写明发文机关名称和成文日期。

五、范例分析

例文1：

××市国资委2020年度法治政府建设工作报告

中共××市委全面依法治市委员会办公室：

市国资委是市政府工作部门，代表市政府履行出资人职责，依照《中华人民共和国企业国有资产法》《中华人民共和国公司法》等法律法规，对市属经营性国有资产实施"管资产与管人管事"相结合的监管模式。

今年来，市国资委法治政府建设在市委市政府的正确领导下，在市委全面依法治市委员会办公室的指导下，(略)，结合工作分工，立足部门职能，切实加强领导，精心组织实施，把法治政府建设工作贯穿于国资国企监管和国有企业改革发展全过程，取得了一定成效，现将有关工作报告如下：

一、法治政府建设基本情况

(一)领导重视，切实加强对法治国资建设的领导。

市国资委一贯重视法治政府建设工作，把法治政府建设工作列入重要议事日程，与国资国企监管工作、国有企业党的建设工作同步部署、同步贯彻、同步检查、同步落实。(略)

(二)加强法规学习，不断增强法治国资建设能力。(略)

(三)聘请法律顾问，推动法治政府各项工作更好开展。(略)

(四)依法行政，切实加强国有资产管理工作。(略)

(五)完善机制，切实做好政府信息公开工作。(略)

二、存在的主要问题

我委在法治政府建设工作上取得了一定的成绩，但也存在一些问题和不足。

一是相关制度仍不够完善。(略)

二是队伍建设有待进一步加强。(略)

三是国资监管体制、运行机制仍不够健全，(略)。

三、下一阶段的工作措施

(一)加强队伍建设，在提高依法行政水平上下功夫。(略)

(二)完善监管体制，在国资监管职能转变上下功夫。(略)

(三)健全运行机制，在提高国资监管水平上下功夫。(略)

(四)坚持党的领导，在提升企业基层党组织依法治企上下功夫。(略)

××市国资委

2020年12月5日

评析：这是一篇向上级汇报某一专项工作情况的报告，开头表明发文缘由和目的，主体部分从三个方面进行工作汇报，一是基本情况，二是存在的主要问题，三是对今后工作的建议。这类报告一般篇幅较长，需要对相关工作进行全面的汇报和分析，所提出的处理意见和建议应具体、明确,注重汇报的详细和完整。

例文2:

<h2>××市人力资源和社会保障局关于减税降费政策措施落实情况自查报告</h2>

市财政局:

根据《关于开展全市减税降费政策措施落实情况自查的通知》要求,现将我局系统2015年以来关于减税降费政策措施落实自查情况报告如下:

一、就业创业优惠政策落实情况

2015年以来,我市实施积极的就业创业政策,有效降低企业负担,支持重点人群和就业困难人员就业,城镇新增就业累计实现23.36万人,农村劳动力累计转移就业43.91万人,城乡各类人员参加职业培训和创业培训3万余人,城镇登记失业率一直控制在3.8%以内,就业形势整体保持稳定。

1.失业保险稳岗补贴政策。(略)

2.高校毕业生求职创业补贴政策。(略)

3.企业吸纳高校毕业生社保补贴政策。(略)

(略)

存在的问题:(略)

二、执行阶段性降低企业职工养老、失业、工伤保险费率情况

从2015年3月我市执行降低费率政策以来,惠及全市参保企业约1.3万户,其中养老保险受益职工数约30.36万人,受益金额4.19亿元;失业保险受益职工数42.44万人,受益金额10.55亿元;工伤保险受益职工约45万人,受益金额1.91亿元。累计为参保企业减负16.65亿元。

(略)

存在的问题:(略)

三、下一步措施

一是推动产业发展中增加就业岗位。(略)二是着力落实各项促进中小企业吸纳就业的积极就业政策。(略)三是建立完善中小企业岗位技能提升培训促进企业岗位稳定增长机制。(略)四是鼓励创业带动就业。(略)五是继续落实好国家及自治区阶段性降低社会保险费率优惠政策,切实为参保企业减轻缴费负担。(略)

××市人力资源和社会保障局

2019年4月18日

评析:这是一篇针对上级机关所布置的检查事项的自查情况报告,首先说明开展相关工作的依据,主体部分详细地汇报了具体情况,并分析了存在的问题,提出了下一步开展工作的打算。整篇报告条理清楚,调查反映的情况真实、客观、全面,语言精练准确。

六、报告的写作注意事项

1. 报告写作的语言特征是"陈述性",要以"叙述"的表达方式为主,可兼用"说明",但一般不宜使用"议论"的表达形式。报告的写作必须注意实事求是,针对性强,中心明确,重点突出,这样才便于上级机关准确、清楚地把握情况。

2. 向上级机关呈报式的报告,属于上级机关的"阅文",不要求上级机关做批复;呈转式的报告在结束语中可以"请批转各有关单位执行"的方式,请求上级机关批转,一经上级机关批转,该报告就成为上级机关的文件,具有相应的权威性和约束力,各有关单位必须认真按照报告所提出的意见和建议执行。

3. 除特殊情况外,报告不得直接报送领导者个人。另外,报告中不得夹带"请示"事项,如有相关请示事项,应采取"请示"文种另行发文。

第十一节　请示

一、请示的含义

请示适用于下级机关向上级机关请求指示、批准,属于上行文。请示的事项是发文机关无权做出决定和处理的问题,请求上级机关给予解决和支持。

二、请示的特点

(一)呈批性

请示是双向对应的文种之一,对应的是批复。下级机关的请示,报到上级机关,上级机关就要有一份批复发下来,不管上级是否同意下级的请示事项,都必须给请示单位一个明确的、及时的回复。

(二)单一性

请示的单一性体现在三个方面:一是行文方向的单一,只有下级机关向上级机关请求指示、批准时才能使用请示,平级机关或不相隶属机关之间行文不能使用请示,不可抄送下级机关;二是主送机关的单一性,请示原则上只能主送一个上级机关,不能多头主送;三是请示的内容应是一文一事,一份请示只能就一项工作、一种情况、一个问题做出请示,不可把两件及两件以上的事项放在一份请示中。

(三)事前性

请示应当是事前行文,先请示,后实施。事前行文不仅是对上级的尊重,更是确保上级机关对重大事项实施指导,以避免出现失误。

(四)时效性

请示事项一般为发文机关的比较重大的或紧急的事项,行文必须注重时效性,以免错过了时机。上级机关在答复下级机关请示事项的时候也要快速及时。

三、请示的类型

(一)请求指示类请示

请求指示类请示是发文机关对上级机关文件中规定的某些政策界限把握不准,而本机关又无权解释或不能擅自决定,因此请求上级机关给予指示。在实际工作中,遇到新情况、新问题,不知如何处理的,需要上级机关进行指示。

(二)请求批准类请示

请求批准类请示是下级机关就有关事项向上级机关请求批准时使用,多用于增设机构、增加编制、上项目、列计划、要资金、要购置设备等事项。这类请示的内容往往超出本单位处理权限,自己无权做出决定,需要得到上级机关的认可与批准。

(三)请求批转类请示

请求批转类请示主要是提出对有关工作的意见和建议,又常被称作建议性请示。这种请示一方面请求上级机关认可和批准其所提出的意见和建议,另一方面请求批转各有关机关或部门执行,这些机关或部门是该请示机关的同级机关或不相隶属机关,由于超出发文机关权限,需上级机关批转该请示,以使有关机关或部门执行该请示内容。

四、请示的写作格式

(一)标题

请示一般使用完整式标题"发文机关+事由+文种",如《××省农业厅关于急拨救灾款的请示》,也可以省略发文机关名称,使用"事由+文种"形式,如《关于申报××市为国家历史文化名城的请示》。

(二)主送机关

请示的主送机关非常明确,就是发文机关的直接上级主管机关,而且只报送一个主管的领导机关。

(三)正文

请示正文部分的写作,包括发出请示的缘由、请示事项、请示结束语三个部分。

请示的开头写明缘由,也就是发出请示的原因,一定要写得充分而周全,应写明所遇到的情况、问题或困难,因为这也是上级机关进行批复的主要依据。交代完请示缘由之后,一般用"特请示如下"作为过渡句引起下文。

请示的主体部分是请示的事项,一定要写得明确而具体,这一部分也是整篇请示最核心、最重要的部分,要写明请求上级机关予以指示、审核、批准的具体问题和事项。根据内容的多少可分段陈述,也可以分条列项的形式陈述,使层次清晰。

请示的结尾往往采用结束语的形式,常用的结束语有:"以上请示,请批示。""以上请示,请批复。""以上请示,请予批准。""以上请示,请予审批。""妥否,请批复。""当否,请批示。"请求批转性的请示则使用"以上请示如无不妥,请批转有关部门执行。"等。

(四)落款

请示的落款应在右下方注明发文机关名称以及成文日期。

五、范例分析

例文 1：

关于××区××山矿区资源整合有关事宜的请示

××市人民政府：

根据《××及周边矿产资源开发利用总体规划》，为进一步推进××区矿产资源整合工作，按照市委市政府关于"成熟一个整合一个"的指示精神，我区××山矿区资源整合已签订整合协议，确定整合主体，完成资源储量核实等相关工作，基本具备整合条件。经区委区政府研究，制定了《××区××山矿区(4 号整合区)整合方案》，现随文呈报，请审议。如无不妥，请上报自治区政府审核后实施。

妥否，请批示。

附件：××区××山矿区(4 号整合区)整合方案

××区人民政府
2022 年 7 月 11 日

评析：这篇请示针对本机关无权解决的问题，请求得到上级机关的审议和指示。正文先说明请示的缘由、具体依据，随后明确提出请示的事项，以使上级机关得以进行有针对性的答复。结束语表示对上级机关的尊重及恳切的态度。

例文 2：

关于上报××区 2022 年水利专项转移资金预算的请示

××市水务局：

根据 2022 年度水利专项计划预算编制工作的意见，我委已编制完成××区 2022 年水利专项转移资金预算计划。其中，河道整治新建项目 1 项，河道整治续建项目 5 项，计划申请市财政转移资金 11951 万元；水利设施长效管理项目 2 项，计划申请市财政转移资金 1429 万元。共计划申请市财政转移资金 13380 万元。

妥否，请批复。

××市××区建设和管理委员会
××市××区财政局
2022 年 1 月 20 日

评析：这是一篇请求上级机关审核批准的请示。发文机关首先说明请示的原因和具体情况，对请示的内容作了细致的说明，使上级机关能够据此准确知悉实际情况，并据此评估是否给予认可与批准。这篇请示的内容具体明确、简明扼要、原因充分，提出的要求切实可行。

六、请示的写作注意事项

1."请示"与"报告"同属于报请类的上行文,要注意它们之间的区别,不可混用。"请示"要求上级机关必须做出批复,而"报告"具有呈阅性,一般不需上级机关批复。另外,请示必须在事前行文;而报告则在事前、事中或事后均可行文。请示具有请求性,采用祈请性语气;而报告则具有汇报性,一般采用陈述语气。

2.请示的主送机关一定要明确而单一,不可多头主送。可根据需要同时抄送相关的上级机关和同级机关,不可抄送下级机关。要坚持逐级请示,不可越级请示,因特殊情况确需越级请示时,应抄送被越过的机关。平级机关或不相隶属机关之间请求批准事项时应使用"函",不能使用"请示"。

3.请示的理由应充分合理,请示的事由部分必须有理有据,对于请示事项的意见应明确具体。请示行文语言应简洁得体,态度要恳切,文辞要谦恭、得体,语气要和缓,避免使用命令式语气。

第十二节　批复

一、批复的含义

批复是上级机关答复下级机关请示事项的公文,属于下行公文。批复是与请示配合使用的,先有下级的请示,才会有上级的批复,而且有请必复,一事一批,一个批复只能针对一个请示。

二、批复的特点

(一)针对性

批复是针对下级机关的请示内容而发出的,下级机关请示什么事,就批复什么事,不要涉及其他事项,请示的发文机关就是批复的主送机关。

(二)权威性

批复的目的是指导下级机关工作,批复意见具有极强的指令作用。批复代表上级机关的权力和意志,具有约束力和指示性,是下级机关工作的依据,必须遵照执行。

(三)明确性

批复是专门答复下级机关请示事项的,批复的观点和态度必须明确,针对下级机关的请示事项表明是否同意,如果同意,可以适当给予一定的原则性的指示;如果不同意,则需要说明理由,并进一步指示如何处理,使下级机关有所遵循。切忌观点不明,态度含糊。

三、批复的类型

(一)核准性批复

核准性批复是对下级机关请求批准的事项进行审批和表态,表明是否同意。核准性批复有同意性批复,即对下级机关所请求的事项给予肯定态度,批准下级机关所请示的事项。另外,也有否定性批复,即对下级机关所请示的事项给予否定。

（二）指示性批复

指示性批复是针对下级机关的请求指示类请示。如，下级机关就政策、法规等提出疑难问题，上级机关做出解释和答复，表明态度，提出执行意见，要求下级机关依照执行。

四、批复的写作格式

（一）标题

批复的标题一般采用"发文机关+事由+文种"的完整式结构，如《国务院关于深圳市城市总体规划的批复》。可加表态用语，形成"发文机关+表态用语+事由+文种"的结构，以"表态用语"显示发文机关明确的态度，如《国务院关于同意设立××新区的批复》；也可以省略发文机关名称，采用"事由+文种"形式的标题，如《关于加强政策研究工作几个问题的批复》。

（二）主送机关

批复的主送机关即为发出请示的下级机关，要与请示的发文机关名称一致。

（三）正文

批复的正文由引叙语、批复的事项和结尾构成。

引叙语就是批复的依据，是引述下级机关呈送的请示的情况，主要为下级机关来文的日期、标题、发文字号，以及表示本单位收悉来文的语句，如："你厅××年×月×日《关于要求审批××市为历史文化名城的请示》（××政〔2017〕××号）收悉。"必要时还可简要引叙来文的主要内容作为批复的依据。

引叙之后，可用过渡语，一般为"经研究，批复如下"或"根据××关于××的规定，现做如下答复"等，引起下文。

批复的事项部分是整篇批复的核心内容，也是行文的目的所在。首先应针对下级机关所请示的事项，给予具体的、明确的态度，比如"同意""原则同意""基本同意""部分同意""不同意"等，然后说明理由。同意下级的请示，要进一步提出指示性意见和要求，语言要简洁明确。部分同意下级的请示，要指明同意的是哪些部分，不同意的是哪些部分，并简要说明原因，并提出指导意见。不同意下级的请示，可以进行解释，简明扼要地说明原因。

批复的结尾常常使用固定的结尾语"此复。""特此批复。"等，有的批复也可不用结尾语，也可针对批复事项提出希望和要求。

（四）落款

批复的正文后应署上发文机关名称和成文日期。

五、范例分析

例文1：

国务院关于同意设立"中国农民丰收节"的批复

国函〔2018〕80号

农业农村部：

关于申请设立"中国农民丰收节"的请示收悉。同意自2018年起，将每年农历秋分设立为"中国农民丰收节"。具体工作由你部商有关部门组织实施。

国务院

2018 年 6 月 7 日

评析:这是一篇批准性批复,内容比较单一,结构简单明了。正文部分先是采用引叙对方请示的方式,表明态度,然后说明批复的具体事项,并简要提出相关要求。

例文 2:

国务院关于同意将河北省蔚县列为国家历史文化名城的批复

国函〔2018〕70 号

河北省人民政府:

你省关于申报蔚县为国家历史文化名城的请示收悉。现批复如下:

一、同意将蔚县列为国家历史文化名城。蔚县历史悠久,古城形制独特,风貌保存较好,文化遗存丰富多样,古代建筑数量众多,具有重要的历史文化价值。

二、你省、张家口市及蔚县人民政府要根据本批复精神,按照《历史文化名城名镇名村保护条例》的要求,加强文物保护利用和文化遗产保护传承,正确处理城市建设与保护历史文化遗产的关系,深入研究发掘历史文化遗产的内涵与价值,明确保护的原则和重点。编制好历史文化名城保护规划,并将其纳入城市总体规划,划定历史文化街区、文物保护单位、历史建筑的保护范围及建设控制地带,制定并严格实施相关保护措施。在历史文化名城保护规划的指导下,编制好重要保护地段的详细规划。在规划和建设中,要重视保护城市格局,注重城区环境整治和历史建筑修缮,不得进行任何与名城环境和风貌不相协调的建设活动。

三、你省和住房城乡建设部、国家文物局要加强对蔚县国家历史文化名城规划、保护工作的指导、监督和检查。

国务院

2018 年 5 月 2 日

评析:这篇批复首先引叙对方来文请示的内容,以"现批复如下"引出下文。发文单位的态度十分明确,表明同意所请示的事项,接下来从两个方面提出了具体的要求,起到了重要的指导作用。这篇批复整体行文明确具体,简洁有力。

六、批复的写作注意事项

1.针对下级机关的请示需慎重对待,及时答复。下级机关请示的事项一般都比较重大、紧急,必须及时予以批复。

2.批复只发给来文请示的机关,主送单位只有一个。即使批复的内容涉及多个机关,也不能多头主送,更不能作为普发文件下发。如需告知其他下级机关,可将其他单位列为抄送机关,或将有关内容另行用"通知"行文以告知其他单位。

3. 要有正式的书面请示才能批复,不得将口头或电话请示作为批复的依据。批复的表态要明确,用语要准确,行文要简洁。另外要把同意或者不同意的内容表达清楚。

4. 正确区分"批复"和"批示"。批复是正式的法定公文,和请示相匹配。批示是领导对下级机关报上来的总结、报告等文件写的批语,批示不是正式的法定公文。

第十三节　议案

一、议案的含义

议案是由具有法定提案权的国家机关、会议常设或临时设立的机构和组织,以及一定数量的个人,向权力机构提出进行审议并做出决定的议事原案。议案主要用于各级人民政府按照法律程序向同级人民代表大会或人民代表大会常务委员会提请审议事项。

二、议案的类型

(一)提请审议事项的议案

这类议案主要是各级人民政府提请同级人民代表大会或人民代表大会常务委员会审议其职权范围内一些比较重大事项的议案,包括政治、经济、文化、教育、科技、卫生等领域中重大事项的决策。

(二)提请审议立法的议案

这类议案是指国务院或地方各级人民政府向全国人大、全国人大常委会或地方各级人民代表大会及其常务委员会提请审议法律和法规的议案。

(三)提请审议任免的议案

这类议案是提请审议决定政府和国家机关主要领导人、国家驻外机构主要负责人任免的议案。

三、议案的写作格式

(一)标题

议案通常采用"发文机关+事由+文种"的完整式标题结构形式,以示郑重和严肃;如果是立法性质的议案,应在提请审议的法律的名称后面加上"草案"二字,用括号标出,如《国务院关于提请审议〈中华人民共和国个人所得税法修正案(草案)〉的议案》;也可以省略发文机关名称,写"事由+文种",如《关于提请审议〈广州市外商投资企业管理条例(草案)〉的议案》。

(二)主送机关

议案的发文针对性很强,主送机关就是审议该议案的人民代表大会及其常务委员会。

(三)正文

议案的正文由案据、方案、结语三个部分组成。

案据是指提出议案的根据,也就是提请审议批准事项的理由和依据。缘由一般要求概括要准确,阐述理由要明确充分,可以说明提请审议事项的意义、作用和有关背景。根据不同的议案内容,案据的篇幅可长可短。

　　方案是在议案中提出的要求审议的具体事项,要把事项解说清楚,同时要进行分析评论,并指出解决问题的办法和措施。对提请批准的议案,要表述清楚所要提请批准的内容;对立法性质的议案,应提交草案作为附件;对提请审议任免领导人的议案,直接列出要求任免人员姓名、职务即可。

　　结语是议案在结束时所使用的祈使性词语,最常用的是"现提请审议。""请予审议。""请审议批准。""请审议决定。"等,结语单独占一行。

(四)落款

　　明确标出制发议案的政府负责人的姓名。根据《中华人民共和国国务院组织法》的规定,国务院向全国人民代表大会或全国人民代表大会常务委员会提出的议案,由总理签署。各地方政府提出的议案,由行政首长签署。议案的成文日期在签署之下一行,标注清楚年月日。

四、范例分析

　　例文1:

国务院关于提请审议国务院机构改革方案的议案

全国人民代表大会:

　　中国共产党第十九次全国代表大会明确要求深化机构和行政体制改革。党的十九届三中全会审议通过了《深化党和国家机构改革方案》,同意将其中涉及国务院机构改革的内容提交第十三届全国人民代表大会第一次会议审议。现将根据《深化党和国家机构改革方案》形成的《国务院机构改革方案》提请第十三届全国人民代表大会第一次会议审议。

国务院总理　李克强

2018 年 3 月 9 日

国务院机构改革方案

　　(略)

　　评析:这是一篇提请审议重大事项的议案,这篇议案首先明确提请审议重大事项的原因、目的,然后提出相关事项的具体内容,以及表示提请权威机关进行审议,需要审议的文件材料附后。这篇议案层次清晰明了,语言简洁精练。

　　例文2:

××市人民政府关于提请张××等职务任免的议案

市人大常委会:

　　根据《中华人民共和国地方各级人民代表大会和地方各级人民政府组织法》的有关规定,接×委干〔2019〕12 号通知,现提请:

张××任市人民防空办公室主任;

免去×××的市人民防空办公室主任职务。

附件:张××同志表现材料

市长 ×××

2019 年 3 月 13 日

评析:这是一篇提请审议人员任免事项的议案,直接列出相关人员职务变动的具体情况。内容明确,写法简洁明了。

五、议案的写作注意事项

1.议案的政治性、政策性很强,涉及立法事项及重大方针政策,议案必须以国家法律、法规以及党的方针政策为依据。

2.议案的使用必须严格履行法定程序,这是议案与其他公文之间的最大区别。议案的提出必须严格按照《中华人民共和国宪法》《中华人民共和国全国人民代表大会组织法》以及《地方各级人民代表大会和地方各级人民政府组织法》的有关规定来进行。议案的发文机关必须是各级人民政府,收文机关必须是相应的各级人民代表大会或人民代表大会常务委员会。

3.注意议案发文字号的写法,议案的发文字号一般在机关代字这项内容中用“函”字标注,因为议案的发文机关和收文机关不具有隶属关系,所以发文字号标注为“函”比较适合。

4.注意议案的主题必须要单一、明确而集中。一定要遵循“一事一案”的原则,不可一案数事。另外,议案的观点要鲜明,内容要具体、简明,抓住重点,语言要求准确、精练、庄重。

5.注意“议案”与“提案”的区别。一是二者文体性质不同,“议案”是法定的党政公文之一,“提案”不是。二是发文机关不同,议案的发文机关是各级人民政府,提案的发文机关是国家机关或一定组织团体的代表。三是这两种文体在作用与功能上也有重要区别,在使用时一定要注意不可混淆。

第十四节　函

一、函的含义

函适用于同级机关或不相隶属机关之间商洽工作、询问和答复问题,向有关部门请求批准和答复审批事项,或通报有关事宜。函属于平行文。

函的适用范围比较广泛,不仅可以在同级机关之间行文,也可以在不相隶属机关之间行文。“不相隶属机关”是指在行政或组织关系上没有领导与被领导的关系,业务上没有指导与被指导的关系,一般包括同一系统内部的平级机关和不同系统之间的机关。

不相隶属机关之间,级别高的一方不能向级别低的一方发出指令,级别低的一方也不需要向级别高的一方呈送请示或报告,双方之间如果有事项需要商洽,都应使用函。但在现实中有时也会用于有隶属关系的上下级之间,如上级机关向下级机关询问有关情况,一般用通知,有时也可用函,但下级机关应当用报告答复。上级机关向下级机关催办有关事项,如要求下级机关呈报有关报表或材料时,一般用通知,也可用函,下级机关以报告回复。

二、函的特点

（一）平行性

函主要用于平级组织之间或不相隶属机关之间商洽工作、询问和答复问题,体现着双方平等沟通的平行性。

（二）广泛性

函的应用范围广泛,从行文关系来看,不管机关的级别高低,各级党政机关、基层单位、社会团体都可以发函。函的内容和格式也比较灵活,商洽工作、询问和答复问题、请求批准和答复审批事项、催办、报送材料等都可以使用函。

（三）单一性

从函的内容来看,必须是一文一事、一事一函,不能出现一函多事的情况。函一般是针对某一具体事项进行商洽、协调、沟通,往往有问有答,形成指向性很强的往来函件。

三、函的类型

（一）商洽函

商洽函是发文机关为商洽和解决问题而使用的函,用于商洽工作,联系事项,请求协助、支持,如协助调查、联系参观学习、建立合作关系等。

（二）请批函

请批函是用于向平行或不相隶属的政府主管职能部门请求批准事项而使用的函,如向计划、规划、财政、税务、劳动、人事、机构编制、工商行政、物价、外事、基建、科技、进出口贸易部门提出请求批准事项等。

（三）告知函

告知函是用于平行或不相隶属机关之间的相互告知事项而使用的函。这种函的作用和内容类似通知,但由于双方不是上下级关系和业务指导关系,不能使用通知行文,故使用函来行文。

（四）询问函

询问函是发文机关向主送机关询问有关情况、征求意见的函。一些本机关在职责范围内应当予以解决但又无据可查或难以解决的问题,需要发函请有关单位予以解答。

（五）答复函

答复函是机关用以答复询问函或者请批函的复函,通过答复函的方式回答问函单位所提出的问题。

四、函的写作格式

（一）标题

函的标题通常采用完整式的"发文机关+事由+文种"的形式,如《国务院办公厅关于同意调整国家人口和计划生育委员会兼职委员的函》;也可以采用"事由+文种",省略发文机关名称,如《关于征求药品飞行检查办法(征求意见稿)意见的函》。

（二）主送机关

函的主送机关为受文并办理来函的机关单位,可以是一个也可以是多个,可以用全称或规范化的简称,也可以使用统称。

（三）正文

函的正文包括开头、主体和结尾。

开头需说明发函的原因、背景、目的、根据等,如果是复函需引述对方来文的标题和文号。可用"现将有关问题说明如下"或"现将有关事项函复如下"等过渡语转入下文。

主体是函的核心内容部分,说明致函的事项,写明联系、商洽、询问、请求或答复的事项的具体内容,提出要求,或解答对方的询问,指出解决问题的办法,或提出处理意见。

结尾一般向对方提出希望,请对方协助解决某一问题,或请对方及时复函,或请主管部门批准等,要求语气诚恳、态度委婉。

函一般要用结束语。商洽函常用结束语为"特此函商。"等;告知函常用的结束语是:"特此函告。""特此函达。"等;要求对方答复函的结束语常用:"即请函复。""特此函告,请复。""以上意见,请即函复。"等;复函常用的结束语是:"此复。""特此函复。"等。

（四）落款

函的落款即发函单位的名称,以及函的成文日期。

五、范例分析

例文1:

关于商请我镇××新型社区杆线拆除的函

××县供电公司:

我镇××新型社区是省级示范点,目前住房主体已经基本完成,土地复垦工作已经完成。现有土地复垦区域内杆线较多,影响复垦验收,恳请贵单位实地查看,协助办理杆线拆除等相关事项。

特此函告,望予支持为盼。

××县××镇人民政府
2020 年 11 月 18 日

评析:这是一份商洽函,标题是由"事由+文种"构成。正文部分首先写明发函的缘由、背景;然后提出函商的相关事项,语言简洁,思路清晰,逻辑性强;最后恳请对方予以支持,用语委婉得体,充分体现了商洽函的语体特征。

例文2:

××区生态环境局关于追加 2021 年基本经费的函

××区财政局:

因政策调整原因,区生态环境局原《××区生态环境局关于追加 2021 年区级部门预算的

函》(×环〔2021〕12 号)文件作废,经重新测算,因政策性增资、新进人员等因素,2021 年还需追加基本经费如下:

一、区生态环境局机关事业 2021 年人员政策性增资:××元

二、新进人员追加工资:××元

(略)

以上各项合计追加××元,大写人民币:××××××元整,请予支持为盼。

××市××区生态环境局

2021 年 10 月 29 日

评析:这是一篇请批函,标题采用完整式标题形式,正文首先写明向有关主管部门请求批准事项的背景、原因,然后写明所请求的具体事项。

例文 3:

教育部办公厅关于公布实施专科教育高等学校备案名单的函

教发厅函〔2019〕64 号

有关省、自治区、直辖市人民政府办公厅:

根据《中华人民共和国高等教育法》《普通高等学校设置暂行条例》等有关法律法规的规定,现将省级人民政府审批新设、更名、合并调整的专科层次高等学校备案名单予以公布。

专此函告。

附件:省级人民政府审批设置实施专科教育高等学校备案名单

教育部办公厅

2019 年 5 月 22 日

评析:这是一篇告知函,明确告知某一事项、工作或活动所涉及的具体内容。这篇函首先说明相关函告事项的依据,然后是函告事项的具体内容,并以附件的形式提供更为详细的相关信息。

例文 4:

关于对××县××有限公司加强环境监管的复函

××县生态环境局:

贵局××环函〔2020〕29 号《关于对××县××公司加强环境监管的函》已收悉,现答复如下:

园区管委会工作人员现场检查发现,××县××公司厂院内东北侧厂房内建有砂石破碎设备,工艺简单落后,车间内环境脏乱差,无污染治理设施,生产过程中无组织粉尘排放情况严重,生产噪声扰民,不具备达标排放能力。

管委会工作人员现场检查,发出整改通知单,责令限期整改到位;管委会分管领导约谈企

业负责人,要求企业停止砂石破碎厂生产,清走相关生产设备,并对场地用防尘网进行覆盖。目前,该企业已经按照要求停止生产,并清走相关生产设备,剩余的砂石正在逐步清理中。

管委会将进一步落实环保网格化管理责任,强化综合巡查力度,加强环保问题排查,督促企业主动做好环境保护与问题整改工作。

特此函复。

××现代农业示范区管理委员会

2020 年 8 月 27 日

评析:这是一篇答复函,回复发函机关所提出的问题。开头引叙对方来函,用过渡句引出下文。针对所答复的事项,态度明确,有理有据,内容具体,有利于受文单位理解和执行。在写作答复函时,如果事项单一,则单独列段,如果事项复杂、要求较多,则需要分段或分条列项来写。

六、函的写作注意事项

1. 函不受发文机关职权范围和级别高低的限制,也不受内容繁简程度的制约,灵活简便,内容单一,应用广泛,使用频率高。

2. 函的写作要求结构完整,文字简洁,用语谦和,语气委婉得体。正文强调开门见山,直陈其事,要言简意赅,切忌冗长。

3. 针对平行机关或不相隶属机关的征询事项的函,答复时可用意见,也可用函。要准确理解"函代批复",也就是由上级机关的办公厅(室)代行"批复"时用"函"行文。

4. 函的行文关系比较复杂,要特别注意态度的恳切和语言的得体。商洽问题,要突出平等协商的特点;提出要求或建议,要给对方留有余地,诚恳客气。

第十五节 纪要

一、纪要的含义

纪要适用于记载会议主要情况和议定事项,是对会议的重要内容、决定事项、主要精神、观点和结论等加以概括,用以上传下达,统一认识。纪要可以用来沟通情况、交流经验和指导工作,要求与会单位共同遵守和执行会议的议定事项及精神,一些具有普遍意义的会议纪要可在报纸上发表,以引起社会的注意和重视。

二、纪要的类型

(一)办公会议纪要

办公会是指机关、单位的领导班子成员在固定的日期召开的会议,主要研究工作安排、工作进度等事项,办公会议纪要是反映机关单位领导活动、主要决策和处理日常工作情况的公文。办公会议纪要可以直接发给机关、单位的职能部门,用以使其遵照办理相关事务;也可以印发给下属机关和单位,用以指导有关工作;如果研究决定的事项需向上级机关汇报,也可上报。

(二)专题会议纪要

专题会议是指专门为解决或协调某个问题或某项工作而召开的会议,根据会议内容和精神整理出的纪要为专题会议纪要。这种会议纪要须经会议领导小组或会议主办机关批准方能生效,并要求与会单位要共同遵守和执行。

(三)讨论会议纪要

讨论会议是指各种学术研讨会、理论讨论会、座谈会、协商会等,这类会议之后所形成的纪要为讨论会议纪要。这种会议纪要对于与会单位和人员没有行政约束力,只起交流情况、告知和参考的作用。

三、纪要的写作格式

(一)标题

纪要的标题可以采用"会议名称+纪要"的形式,如《对外经济贸易大学校长办公会纪要》;也可以采用"发文机关+会议内容+纪要"的结构形式,如《××省经贸委关于企业扭亏会议纪要》。纪要也可以使用正副标题结构,正标题揭示会议的主要内容或精神,副标题点出会议的名称和文种,如《以××精神为动力 大力开展××工作——××工作会议纪要》,如果是在媒体上发表的纪要可以采用主副标题形式。

(二)日期

会议纪要的成文日期可以标注在标题之下,正文之上,位置居中,并用括号括起;也可以按照常规在文末右下角标注日期。

(三)正文

纪要一般不需标注主送机关,直接写正文。纪要的正文包括会议概况、会议精神和议定事项。

会议概况包括会议召开时间、地点、名称、主持人、参加单位和人员、基本议程;会议精神和议定事项包括会议内容、主要成果、做出的决定、提出的任务等。

纪要的主体部分的写法主要有:一是综合概述法,把会议上的发言、讨论情况总结到一起,概述出来。二是发言记录式写法,按照会上发言的顺序,摘录每个人发言的主要内容,适用于座谈会纪要。三是归纳法,把会中研究、讨论的内容归纳成几个问题来写,适用于规模较大、内容复杂的会议;可根据表达内容的需要,用分条列项的方式或列小标题的形式写。

纪要正文的结尾一般是提出希望、发出号召,要求有关单位和人员认真贯彻会议精神,一般大型会议会使用此种结尾。比较简短的会议纪要,也可以在写完会议内容后自然结尾。

(四)落款

落款应标明纪要的写作单位和成文日期。办公会议纪要需署上召开会议的领导机关的全称,并加盖公章。一般会议纪要也可不署名,只写成文日期并加盖公章。

四、范例分析

××市人民政府与市总工会第九次联席会议纪要

2021年4月12日,市政府与市总工会召开第九次联席会议。市委副书记、市长××,市委常委、副市长××,(略)出席会议。市政府办公厅、市民政局、(略)等有关部门负责人以及市总工会常委会委员参加了会议。

会议听取了市人大常委会副主任、市总工会主席××(略)关于市总工会近年来工作情况、市政府与总工会第八次联席会议议题落实情况的通报,与会人员对提请第九次联席会议讨论的议题进行了审议。

一、会议认为,第八次联席会议以来,市总工会坚持以习近平新时代中国特色社会主义思想为指导,以当好"重要窗口"模范生的政治自觉,紧紧围绕市委市政府工作大局,全力推进产业工人队伍建设改革,努力维护劳动关系和谐稳定,积极拓展"互联网+"普惠服务,全面深化工会改革创新,工会工作迈上了新台阶,为推动我市"十三五"规划胜利收官、高水平全面建成小康社会提供了有力支撑。

二、会议议定事项:

(一)关于进一步健全市、区县(市)两级政府与同级工会联席会议制度事项。(略)

(二)关于进一步落实劳动模范待遇事项。(略)

(三)关于补助灵活就业群体服务会员项目经费事项。(略)

三、会议强调,(略)各级工会组织作为党和政府联系职工群众的桥梁和纽带,要发扬好为民服务孺子牛、创新发展拓荒牛、艰苦奋斗老黄牛的"三牛"精神,把握正确政治方向、主动服务中心工作大局、扎实履行基本职责、全面深化改革创新,努力把工会组织建设得更加坚强有力、更加充满活力,在全面开启社会主义现代化建设新征程中创大业、立新功,以优异成绩庆祝建党100周年。

出席:(略)

评析:这是一篇办公会议纪要,标题采用会议名称加纪要的形式,正文的开头部分,首先介绍了会议召开的时间、参加单位、主要议题,随后用分条列项的方式全面反映会议的主要内容、议定的事项,条理清楚,归纳概括准确精练。

五、纪要的写作注意事项

1.注意区分纪要使用范围的限定性,并不是所有的会议都要制发纪要。一般来说例行办公会议、工作会议、协调会议,可以把会议决定事项写成纪要行文,以要求有关单位贯彻执行;一般基层单位的普通会议,则不需形成纪要。

2.一次会议涉及的内容如果比较多,会议纪要一定要抓住主要内容来写,要突出"要"字。写作纪要前,对于会议的内容要分门别类进行整理和归纳,分清顺序和主次,然后再写作,要条理清楚。另外,对于会议讨论的意见,要尽力给予一种理论概括,提纲挈领,不宜只作被动记述。

3.纪要必须忠实会议的实际内容,不可随意增减或更改内容,不能借题发挥、添枝加叶,要根据会议的宗旨进行综合。对与会者的发言与议定事项可以归纳、概括、提炼或做出必要的删减。

第三章 事务文书

第一节 概述

一、事务文书的含义

除法定公文之外，在党政机关、企事业单位、人民团体、各级社会组织的实际公务活动中，还经常使用一些应用性文种，如计划、总结、简报、述职报告、调查报告、大事记、先进事迹材料等。这一类文书是各级各类机关单位为处理事务、开展工作、进行管理而撰写，因此统称为事务文书。

二、事务文书的特点

（一）作者的广泛性与对象的明确性

事务文书的作者是机关、团体、企事业单位或个人。作为处理特定事务的文书，事务文书具有明确的致送对象、特定的读者，可以是机关、单位、部门，也可以是个人。

（二）一定的程式性

事务文书虽然不像法定公文那样具有严格的规范和程式，但是也逐渐形成了较为稳定的处理程序和写作体式，在写作和处理过程中要遵循相应的规则。

（三）较强的时限性

事务文书是为完成实际工作或解决问题而撰写的，因而必须在限定时间内完成，才能发挥应有的作用。

（四）语言的灵活性

事务文书的语言相对法定公文来说，具有一定的灵活性，可以综合运用一些富有文采的语句甚至修辞手法，有的文种也可使用通俗活泼的语句。

三、事务文书的作用

(一)沟通情况,指导工作

各级各类机关单位通过事务文书发布消息、沟通情况,从而更好地指导工作。例如,"总结"通过对工作中经验与教训的分析为以后的工作提供参考,"计划"是对未来一定时期的工作目标、要求、措施、步骤等的指导。

(二)宣传教育,提高认识

事务文书通过宣传形势、阐明政策,或者表彰先进、揭露弊端,可以起到宣传教育、统一认识、提高政策水平和工作积极性的作用。例如,简报除了交流信息之外,也有宣传政策、教育群众的作用;先进事迹材料通过树立正面典型教育群众见贤思齐。

(三)积累资料,提供佐证

有些事务文书是各级各类机关单位或部门职能活动的记录,是统一思想、处理问题的基本依据。例如,简报、调查报告、总结等可以集中、详尽地反映情况、说明问题,为工作的反馈或推进提供所需的资料。

第二节　计划

一、计划的含义

计划是党政机关、企事业单位、社会团体或个人为了完成未来的某项工作或任务结合实际情况预先做出打算和安排的应用文体。计划是科学管理中的主要环节,是搞好管理工作的基础,是宏观控制的依据。计划可以调动人们的积极性、主动性、创造性,优化各个工作环节、各个方面的配置,以合理安排人力、物力、财力,减少盲目性,增强预见性,以低消耗取得高效益,从而取得实现计划目标的主动权。

二、计划的类型

(一)按照性质划分

计划按照性质可分为综合计划和专题计划。综合计划是机关单位总体的工作计划,包括机关单位各方面的工作内容。专题计划是专门针对某一项工作的计划,比如党建工作计划、学习培训计划等。

(二)按照范围划分

计划按照范围可分为全国计划、全省计划、全市计划、整个单位的计划、部门科室的计划、个人计划等。

(三)按照时间划分

计划按照时间可分为长期计划、中期计划、短期计划;又可划分为:五年规划、三年计划、年度计划、季度计划、月度计划等。

(四)按照呈现形式划分

计划按照呈现形式可以分为条文式计划、表格式计划、文表结合式计划。条文式计划最常用,是把计划内容分成几个部分或者几条,用文字来进行表述;表格式计划是用列表格的形式,把计划一一列出,包括时间、内容、负责人等,一目了然;文表结合式计划一般先是文字表述,然后再列表格,或者把表格作为附件列在文字后面。计划的拟制按照实际需求采取不同的形式。一般原则性、理论性比较强的计划,用条文式;如果对时间节点、负责人、任务目标等要求特别具体的,可以用列表的形式。

(五)按照内容划分

计划按照内容可分为生产计划、工作计划、学习计划、科研计划等。

(六)计划类文书

在实际工作中涉及的计划类文书种类比较多,包括设想、纲要、规划、工作要点、安排等,一般笼统地都把它们称为计划,但是在内容、时间、范围等方面要注意区分。

1. 设想:属于对未来远期工作的初步构想,是粗线条的,具有远景性、理想性、可变性,在时间上大都在 10 年以上的计划性文种。

2. 纲要:是既具有远景发展设想,又具有较强的政策性、思想性、指导性的提纲挈领式的计划性文种。在时间上,多在 5 年至 10 年之间;在空间上,多用于全局或某一领域重要工作的发展设计;在内容上,多为经济和社会发展;文字表述多为条文式。

3. 规划:带有全局性、方向性的中期(3 年至 5 年)计划。"规划"的内容属全局性的部署,是较长一个时期的科学展望,定方案、定规模,具有理论性、指导性。

4. 工作要点:通常在"计划"尚未正式出台之前,先出一个"工作要点",待正式的计划出台后,"工作要点"的使命即告完结,所以也称它为"准计划"。它的特点是:内容是工作的主要方面,比较原则化,内容表述十分扼要。

5. 安排:是针对短时间(如周、月、季度)内的工作所提出的工作计划,"计划"是制定"安排"的母体,"安排"是"计划"的分解与消化。

三、计划的写作格式

(一)标题

1. 计划可以按照党政公文的正式格式,采用公文式标题,以"单位+时间+事由+文种"的形式构成,如《××大学××年硕士研究生招生计划》;也可为"单位+事由+文种"的形式,如《××科技馆建设计划》;或者是"时间+事由+文种"的形式,如《2013—2014 年青年教师培训计划》;还可为"事由+文种"的形式,如《学习计划》。

如果需要经过讨论才能定稿或尚待执行一段时间方可定稿,应在标题后或标题下方用小括号注明"初稿""征求意见稿""讨论稿""草案"等。

2. 计划作为事务文书有其写作的灵活性,可以采用文章式标题,常用主副标题的形式,主标题概括计划的目的、性质等,副标题明确制订计划的单位、事由和文种。如《团结一致,奋勇争先,为我县社会主义新农村建设而努力奋斗——××县农业与农村发展计划》。

(二)正文

计划的正文一般应包括前言(开头)、主体和结尾三个部分。

1. 前言:概括说明制订计划的缘由、依据、目的、意义和指导思想等;也可简要介绍前期工作的基本情况,分析当前总的形势,以及制订计划的必要性和重要性等。计划的前言部分应简明扼要,常用"为此,本年度要抓好以下几项工作"或"特制订计划如下"等过渡句转入主体部分。

2.主体:计划的主体部分写作相对比较灵活,可以根据实际工作需求采取不同的结构方式。首先,应写明计划事项的内容、时间、范围,要写清楚计划事项要达到的预期目标、需要完成的任务指标和要求等,要具体明确地落实到工作质量、数量、效率、效益等方面,以使计划具有可操作性。计划的目标要科学合理、切实可行;计划的任务要确定重点、分清主次;要求条理清楚、具体明确。其次,应写清楚计划的措施和步骤。措施,是指围绕计划目标而设计的一系列实施办法,包括完成计划应该坚持的原则以及具体的操作方法,例如,依靠哪些力量,采取何种方法,创造什么条件,克服哪些困难,人员如何分工,程序如何划分,奖惩如何安排等。计划的步骤,是指目标实现的程序设计和时间安排,即明确计划在实施中应先做什么、后做什么,对计划目标的各个阶段和各个环节从时间、空间上做出全局性的分析和评估,并做好统筹安排。

3.结尾:计划的结尾要求言简意赅,有鼓动性、有号召力,可以采取以下几种方式结尾:一是说明注意事项,分析可能出现的问题;二是点明工作重点,强调主要环节;三是提出希望和号召,激励大家为完成计划而努力奋斗。也可以自然收束,计划内容写完即可,不再另写结尾。

(三)落款

在正文下方署上制订计划的机关名称和日期,如果标题中已注明机关名称,此处可不再标示。

四、范例分析

××省健康扶贫工程"三个一批"行动计划

为贯彻省委、省政府脱贫攻坚总体部署,落实《××省健康扶贫工程实施方案》要求,加快推进健康扶贫工作,在精准识别、精准管理、突出保障、突出服务的基础上,组织对患有大病的贫困人口开展分类分批集中救治,对患有长期慢性病的贫困人口开展签约服务管理,对患重大疾病医疗负担较重的贫困人口实行兜底保障,制订本行动计划。

一、工作目标

2017年—2020年,对核实核准的患有重大疾病和长期慢性病的农村贫困人口(指建档立卡贫困人口和农村低保对象、特困人员、贫困残疾人,下同),根据患病情况,实施分类分批集中救治,提供家庭医生签约服务管理,落实医疗兜底保障待遇,确保健康扶贫政策措施落实到人、精准到病,有效缓解因病致贫、因病返贫问题。

二、行动措施

(一)大病集中救治一批。开展农村贫困人口大病专项救治,对患有大病的农村贫困人口实行集中救治。具体救治办法由省卫生计生委、省人社厅、省扶贫办、省民政厅、省保监局等部门制定。

1.确定救治病种。(略)

2.确定定点医院。(略)

(略)

(二)慢病签约服务管理一批。开展慢病患者健康管理,对患有慢性疾病的农村贫困人口

实行签约健康管理。（略）

（三）重病兜底保障一批。提高医疗保障水平，切实减轻农村贫困人口医疗费用负担，有效防止因病致贫、因病返贫。（略）

三、组织实施

（一）强化组织领导，落实各级责任。（略）

（二）广泛动员部署，夯实工作基础。（略）

（三）建立工作台账，实行动态管理。（略）

（四）加强宣传引导，推动深入开展。（略）

××省卫生健康委员会

2017 年 7 月 5 日

评析：本计划的写作按照"计划缘由—计划目标—计划措施—计划实施"展开，缘由依据充分具体，计划目标清晰，措施明确，实施步骤具体可行，责任明确。总体结构清晰，主次分明，可执行性强。

五、计划的写作注意事项

1. 计划要有前瞻性和预想性，是面向今后的一段时期制订计划；计划要有科学的依据，要以党和国家的有关方针、政策为基础；要有全局观念，服务于党和国家的总任务、总目标。

2. 要从实际出发，措施具体可行。制订计划要根据单位或个人的实际情况，进行科学分析，提高计划的可行性；要切合实际情况，量力而行，计划目标不宜制订得过高，要通过努力可以达到。

3. 计划的目的要明确、具体、全面。对于计划中的任务、数量、指标、质量要求等要明确，采取科学方法进行量化分析和预测。

4. 步骤或阶段要写明，要留有余地。要根据一个时期工作任务的轻重缓急来安排计划，突出中心工作和重点任务。

第三节　规划

一、规划的含义

规划是对未来总体的、长期的、全面的发展性方案的谋划设计，属于常用的、重要的计划类文体之一。相对于一般的计划，规划时间跨度大、范围广，思想性、方向性、纲领性强。规划的时间界限多为 3 至 5 年，也有长至 10 年的规划，因此概括性比计划更强，更具有前瞻性和预见性。

二、规划的类型

按照规划主体的不同，规划可以分为总体规划和部门规划。总体规划是政府主导编制并实施的规划，具有战略性、纲领性和综合性的特点；部门规划是由政府各部门或社会团体主导编制并实施的规划，包括行业发展规划、企业发展规划等。

按照规划的内容来划分,规划可以分为综合规划和专项规划。综合规划是为了实现某个目标,具有全局性、综合性的谋划和重大部署,如国民经济和社会发展规划、城市建设总体规划等;专项规划是以某一特定领域为规划编制对象,是总体规划在特定领域的细化,如各部门规划、行业规划、重点项目建设规划等。

另外,还可以按照规划限定的范围,分为国家层面的规划、地区规划和单位规划。按照规划的不同期限来划分,可以分为长期规划,一般为 10 年甚至更长的时间跨度的规划;中期规划可以限定为 3 至 5 年。

三、规划的写作格式

(一)标题

规划的标题通常由规划制作单位名称、规划的内容、规划时限和文种构成,如《××市2015—2020 年市政建设规划》。可视实际情况省略单位名称,或者省略时间、规划内容,但文种不能省略。

(二)正文

规划的正文部分篇幅长、时间跨度大、涉及范围广的规划往往需要编制目录,各部分需拟制小标题。

规划的开头是前言部分,需要交代制定规划的依据和基础,包括政治环境、社会条件、自然资源、经济基础、工作情况的背景介绍,也可对所规划事项的现状、特点和性质等进行描述。

规划的主体部分通常包括指导思想、发展目标、主要措施等几个方面。指导思想是制定规划的总纲和需要遵循的原则,文字表述要简洁、明确。发展目标包括总体目标和阶段性目标,可以指出每项工作的具体指标、时限和要求。然后紧紧围绕规划的目标,提出具体的实施步骤、采取的措施和方法,策划好责任分工。叙述时需要全面展开、详细具体、条理清楚。

规划的结尾可以展望未来、发出号召,也可以自然结尾。

(三)落款

在正文之后写明制定规划的机关单位名称和日期,单位名称如果在标题中已呈现,则可不在落款中重复,日期也可以写在标题下方,而不必在此呈现。

四、范例分析

"十四五"文化发展规划

文化是国家和民族之魂,也是国家治理之魂。没有社会主义文化繁荣发展,就没有社会主义现代化。为在新的历史起点上进一步推动社会主义文化繁荣兴盛,建设社会主义文化强国,根据《中华人民共和国国民经济和社会发展第十四个五年规划和 2035 年远景目标纲要》,编制本规划。

一、规划背景

(略)"十四五"时期是我国在全面建成小康社会基础上开启全面建设社会主义现代化国家新征程的第一个五年,也是推进社会主义文化强国建设、创造光耀时代光耀世界的中华文化的关键时期。进入新发展阶段,统筹推进"五位一体"总体布局、协调推进"四个全面"战略布局,文化是重要内容,必须把文化建设放在全局工作的突出位置,更加自觉地用文化引领风尚、教育人民、服务社会、推动发展。(略)

二、总体要求

(一)指导思想(略)

(二)工作原则(略)

(三)目标任务

——全党全社会的思想自觉和理论自信进一步增强,习近平新时代中国特色社会主义思想绽放出更加绚丽的真理光芒,人民在精神上更加主动,新时代中国发展进步的精神动力更加充沛。

——社会文明程度得到新提高,社会主义核心价值观深入人心,中华民族的家国情怀更加深厚、凝聚力进一步增强,人民思想道德素质、科学文化素质和身心健康素质明显提高。

——文化事业和文化产业更加繁荣,公共文化服务体系、文化产业体系、全媒体传播体系和文化遗产保护传承利用体系更加健全,文化创新创造活力显著提升,文化和旅游深度融合,城乡区域文化发展更加均衡协调,人民精神文化生活日益丰富。

(略)

三、强化思想理论武装

坚持用习近平新时代中国特色社会主义思想武装全党、教育人民、指导实践、推动工作,深化马克思主义理论研究和建设,推进马克思主义中国化时代化,增强广大党员干部群众中国特色社会主义道路自信、理论自信、制度自信、文化自信。

(一)推动当代中国马克思主义、21世纪马克思主义深入人心(略)

(二)建设中国特色、中国风格、中国气派的哲学社会科学(略)

四、加强新时代思想道德建设和群众性精神文明创建

坚持依法治国和以德治国相结合,深入贯彻落实《新时代公民道德建设实施纲要》《新时代爱国主义教育实施纲要》,推动形成适应新时代要求的思想观念、精神面貌、文明风尚、行为规范,培养担当民族复兴大任的时代新人。

(一)深入推进社会主义核心价值观建设(略)

(二)加强公民道德建设(略)

(三)加强和改进思想政治工作(略)

(四)创新拓展群众性精神文明创建活动(略)

五、巩固壮大主流舆论

坚持正确政治方向、舆论导向和价值取向,坚持马克思主义新闻观,坚持团结稳定鼓劲、正面宣传为主,唱响主旋律,激发正能量,发展壮大主流媒体,不断增强新闻舆论传播力、引导力、影响力、公信力。(略)

六、繁荣文化文艺创作生产(略)

七、传承弘扬中华优秀传统文化和革命文化(略)

(略)

十五、加强规划实施保障(略)

(源自"新华社北京2022年8月16日电")

评析:这篇规划从国家层面就文化发展进行编制,篇幅长、规模大、内容详尽。规划首先叙述了编制的背景和总体要求,说明了编制规划的指导思想、工作原则和目标任务。接下来全面系统地阐述了规划的具体内容、措施、方法、保障等。这篇规划着眼全局、全面系统、条理清楚、层次分明,是进行大型规划写作的典范。

第四节　总结

一、总结的含义

总结是对过去的工作进行全面系统的回顾和分析研究,明确所取得的经验、成绩,应当吸取的教训,存在的问题,并使之条理化、规范化的应用文书。总结是与计划相对应的文书。总结可以看作对计划执行情况的检查和评价。通过总结,可以发现计划的制订是否合理、执行计划取得的成绩和存在的问题。这对制订下一阶段的计划、安排今后的工作具有重要的指导和借鉴意义。

二、总结的类型

1. 按照性质划分:分为综合性总结和专题性总结。综合性总结是对一个地区、一个单位、一个部门或某一系统前一阶段各项工作进行综合性分析,能够展现以往工作的全貌。专题性总结是对某项具体工作或某项工作的某一侧面、或工作中某一突出问题所做的专门性分析总结;这类总结内容单一、具体,针对性强,强调经验、教训或带有倾向性、普遍性的问题,具有指导意义。

2. 按照时间划分:可以分为年度总结、季度总结、月度总结等。

3. 按照范围划分:可以分为单位总结,也就是整个机关单位的总结;部门总结,也就是单位内某个部门的总结;还有个人总结,也就是个人的工作情况的总结。

4. 按照内容划分:可以分为工作总结、思想总结、学习总结等。

三、总结的写作格式

(一)标题

1.公文式标题:由单位名称、时间、事由、文种(总结)等要素组成,可以采用"单位+时间+事由+文种"的形式,如《××市财政局 2009 年工作总结》;可以采用"单位+事由+文种"的形式,如《上海市水文局治理黄浦江工作总结》;也可以采用"时间+事由+文种"的形式,如《2018 年职工培训总结》;或者采用"事由+文种"的形式,如《科研工作总结》;以及"时间+文种"的形式,如《第四季度总结》;个别情况下也可以只写文种"总结"。

2.文章式标题:总结可以使用比较灵活的标题拟定形式,采用单行标题直接概括总结的内容与主题,如《向管理要质量要效益》;也可以采用双行标题,正标题揭示所总结工作的性质或特点,副标题说明单位、时间、事由及文种,如《实行民主管理 促进领导体制改革——××厂落实职代会审议权的经验总结》。

(二)正文

总结的正文部分通常篇幅较长,需要将所总结的事项进行详细的归纳、分类、概括、叙述,包括对所做工作的分析和反思,以及今后进一步开展工作的打算和设想等。可以根据实际情况采取不同的写作结构。

1.常规式:先概括已完成工作的基本情况,对工作范围、时间、内容进行概括式说明,对工作成效进行总体评价,使读者从整体上了解工作情况。然后概括工作所取得的成绩与经验,介绍工作成绩的主要情况,结合实际说明主要做法、取得的经验;可结合具体事例、统计数据、对比材料等进行说明。接着可以概括一段时期以来工作中还存在哪些问题并分析原因,从主客观两方面分析原因,将其上升到理论高度,成为下个阶段工作的借鉴;这部分要因文而异,如果没有问题和失误,切不可为表示谦虚而生拼硬凑;如果是经验性的总结,这一部分则可少写或不写。最后写今后努力的方向,作为主体的结尾部分,可针对存在的问题提出下一步改进工作的打算,指明今后工作的设想、规划等,采取概括化的写法,不宜写得太细。

2.两段式:按照情况、体会两大块思路行文。先陈述情况,包括基本情况、主要做法、成绩和失误等。然后针对客观情况谈体会,即经验、教训,对存在问题的认识和下一步的打算等;专题性总结大多采用此法。

3.纵式:按工作进程的时间顺序把总结内容分为几个阶段,分别对每个阶段的工作进行总结。每个阶段可采用"两段式"写法,先叙述情况,再谈体会;这种写法多见于内容比较复杂的综合性总结。

4.横式:以工作内容为纲,按照工作性质把工作内容分成几个方面,分别介绍做法、措施、经验、教训和体会等。

(三)落款

文后写明总结的单位名称或者个人姓名,标注成文日期。单位名称如果已经在标题中出现,这里可以省略不写;也可以把单位名称或个人姓名放在标题下面。

四、范例分析

××市市场监管局2022年政务公开工作总结

今年以来,××市市场监管局在市委、市政府的坚强领导下,按照政务公开有关要求,不断拓展公开内容,创新公开形式,完善公开制度,强化公开监督,全力打造群众满意、社会支持的"阳光市场监管"政务公开品牌。现将我局政府公开工作情况总结如下:

一、工作开展情况

(一)强化组织领导,明确工作责任。坚持主要负责同志亲自部署、亲自督导,分管同志具体负责、具体落实,各单位(科室)协同配合,采取强有力的措施,持续抓、抓全面,确保权力运用到哪里,服务就跟进到哪里,公开就延伸到哪里。同时,明确政务公开工作责任,全面梳理市场监管领域权责清单,对决策、执行、管理、服务、结果实行全过程公开,发布、解读、回应全环节标准化规范化运行。(略)

(二)强抓过程管理,提升工作实效。一是明确责任分工。制定全局政务公开重点工作任务分工,明确局机关各科室、局属各单位的相关任务及信息更新频率,确保政府信息公开及时。二是完善决策依据。(略)三是严格落实"三审"制。(略)

(三)严格规范操作,及时公开公示。(略)

（四）用好平台载体，畅通政民互动。（略）

（五）强化学习培训，提升业务水平。（略）

二、存在的问题

我局政务公开工作总体运行状况良好，建立了较为完善的各项工作制度，有力推进了政务公开工作扎实开展，但与全面推进政务公开的要求相比，仍存在部分信息公开不够及时、内容不够全面、公开方式和渠道不够多元化，公众参与度较低的问题。

三、下一步工作计划

下一步，我局将继续贯彻落实《中华人民共和国政府信息公开条例》和市政务公开办的各项工作要求，不断强化公开意识，继续加强政府信息公开工作，着重突出人民群众关注的重点信息，及时回应社会关切问题，正确引导社会舆论。

一是不断提高政策解读发布质量，丰富解读形式，切实发挥各类媒体平台作用。（略）

二是加强业务学习和培训。（略）

三是进一步规范公文办理程序。（略）

××市市场监督管理局

2022 年 12 月 5 日

评析：这篇总结首先对该年度的工作进行总体的概括与评价，开头部分简洁明了。主体部分根据工作的职能分工和性质，总结归纳各方面工作情况，先归纳概括出各方面工作的特点，然后用具体的数据和事实材料陈述做法、评价实效；突出主要工作和重要经验，主次分明，详略得体。

五、总结的写作注意事项

1. 善于收集整理材料：既要掌握那些反映全貌的概括性材料，又要掌握反映具体问题的个别材料，同时要反复核实，确保材料真实准确，并能够对材料进行梳理归纳。

2. 要突出重点、主次分明：写总结既要反映基本情况，又要找到主要经验教训，得出规律性的结论和认识，反映事物的本质，切忌事无巨细、写成流水账。

3. 把握总结与报告的不同：总结不是一般的情况综合，而是通过分析、概括、提炼、归纳出经验和体会，具有较强的理论性与规律性。一般的工作报告在表述方式上大量使用叙述的表达方式。而总结对事实、情况的直接叙述所占比例较少，议论和说明性文字较多。另外，报告的行文方向是上行文，而总结可以上报，也可以下发，适用范围更为广泛。

第五节　新闻消息

一、新闻与消息的含义

（一）新闻

新闻是对最近所发生的新鲜、真实并且重要的事实的报道或评述。新闻写作就是把采访调查搜集到的材料、信息，通过文字写作成一定体裁的新闻作品。

新闻是一种社会意识形态,是对现实生活的真实反映,及时传播是实现新闻价值的重要手段。新闻报道要求有理有据,符合客观实际,又必须迅速及时,讲求时效;新闻又具有生动活泼、可读性强的特点;新闻还有政治标准和思想标准,倾向性强。

广义的新闻类文种包括消息、通讯、特写、评论等;狭义的新闻专指消息。

(二)消息

消息是对最近发生或发现的新鲜的、重要的事实的简要报道,是新闻写作中应用最为广泛的文体。消息可以分为事件性消息和非事件性消息两大类。

1.事件性消息:是对事物最新变动的报道,主要指动态消息,是反映新近发生或正在持续的新事物、新情况、新成就、新问题、新变化、新动向的新闻报道。这类消息内容集中,主题单一,篇幅短小,文字简要。

2.非事件性消息:是针对客观环境发展变化进程中呈现的具有新闻意义的趋势、问题、征兆、经验等所做的报道;报道的是社会问题、社会现象、社会风情风尚,或者某些可供参考的信息、方法等等;包括综合性消息、经验性消息、预测性消息、服务性消息等。非事件性消息注重揭示事物渐变过程中某些带有规律性的内容,有较大的时空范围,综合归纳多个事件或事实,以写实为主,兼具描述、概括等手法。

二、消息的结构形式

消息包含的基本结构要素是标题、导语、主体、结尾,消息的结构形式是对这些基本要素的组织构架,消息的结构方式往往因为时间、形式、类别、报道对象、表达的主题不同而灵活多变,通常有以下结构方式。

(一)倒金字塔式结构

倒金字塔式结构是传统的新闻消息构成方法。从标题到导语、主体,按照重要程度呈递减式展开。标题高度概括主题;导语补充标题的内容,呈现核心要素;主体完全展现内容,详细叙述具体的新闻事实。

(二)纵向式结构

纵向式结构即按新闻事实发展的时间先后顺序来安排结构,适合故事性较强的新闻题材。

(三)横向式结构

横向式结构是指消息主体分为几个平行的部分,分别叙述,反映新闻事件的不同侧面;适用于篇幅较长、涉及面比较广的报道,或者有一定深度的报道。

(四)自由式结构

自由式结构是指由创作人按照一定逻辑顺序自由构思与组织文章,从而吸引受众。

三、消息的写作格式

写作消息要交代清楚六个基本要素,即时间、地点、人物、事件、原因、怎么样。消息写作的要点包括标题、消息头、导语、主体、背景材料、结语等部分。

(一)标题

消息可采用单行标题、双行标题或三行标题,包括正题、引题、副题。正题也叫主题、母题,是标题的主体部分,概括消息的主要事实和思想,或者直接揭示消息的主要内容或意义。引题在正题前面,也叫眉题、肩题,交代事件产生的背景,介绍事件的起因、意义,或烘托气氛,引起正题。副题在正题后面,也叫辅题、子题,对正题加以补充、说明。

消息标题的结构方式如下:

1. 单行标题:用一行高度凝练的语句概括新闻事实。如:

中国取消农业税后农民人均减负 140 元(正题)

2. 双行标题:采用"引题+正题"的形式,如:

自主择业安置方式实施 10 年(引题)

全国共接收自主择业军转干部 11.6 万人(正题)

采用"正题+副题"的形式,如:

六部委赴各地检查"菜篮子"(正题)

主抓食品价格过快上涨(副题)

3. 三行标题:采用"引题+正题+副题"的形式,如:

协同各方力量 提供智力支撑(引题)

智慧蓉城研究院首次亮相(正题)

将助力成都构建超大城市科学化、智能化、精细化治理新模式(副题)

(二)消息头

消息头也称"电头",位于消息的开头,标出媒体或通讯社的名称以及发稿的地点、时间,是消息的版权标志。消息头的形式有"电""讯"两大类。"电"主要指以电报、电话、电传等形式向报社传递的新闻报道,如"新华网长沙 4 月 8 日电";"讯"主要指记者通过书面递交的形式向本地报社传递的新闻,如"浙江在线杭州 1 月 4 日讯"。消息头是新闻版权的标志,表示该媒体对此消息的独家版权,别的媒体转载时必须标明。消息头也是判断消息真实性和权威性的重要途径。

(三)导语

导语是指一篇消息的开头,通常是第一自然段或第一、二句话;要求用简明生动的文字,写出消息中最主要、最新鲜的事实,鲜明地提示消息的主题。导语类型如下:

1. 叙述式:使用叙述的方式,把最重要、最新鲜的事实直接告诉读者。叙述式导语的优点是文字精练,包容量大,表达直接,适用于内容复杂、过程曲折的消息。概括主要事实时,要注意避免抽象和空洞。

2. 描写式:用白描的手法,对具有特色的事物或场面加以描写,给读者以整体、鲜明的印象。描写式导语多用粗线条勾勒消息主体或主要事实,来表现新闻事实的特点。

3. 评论式:是用夹叙夹议的方法,对事实进行评论,说明其意义或者价值,然后再呈现新闻事实的基本要素。

(四)主体

消息的主体是对导语的阐述、展开;要求主题要集中,层次要分明。安排主体的层次可以按照时间顺序或逻辑顺序。时间顺序即新闻事实发展的自然先后顺序。逻辑顺序即新闻事实呈现的逻辑关系,包括因果关系、递进关系、主从关系、并列关系等。消息主体的材料选择要典型、具体,安排材料要有序、合理,分析材料要有说服力、感染力。

（五）背景材料

背景材料指的是与新闻人物、新闻事件有关系的历史背景、社会环境、政治缘由、地理特征、科学知识等附属性材料。背景材料没有固定的位置，可以独立成段，也可以穿插在主体之中，或者作为结尾，甚至用于导语中亦可。要根据主题需要来确定是否使用背景材料，使用时要简洁精当，不可喧宾夺主。

（六）结语

结语是消息报道的收束部分。可以随着新闻事件叙述而自然收束；可以总结全文，点明事物发展的趋势，或者交代新闻事实的有关背景。结尾的写作，要实事求是，有的放矢；而且要呈现新的信息，不能重复前面的信息。

四、范例分析

我国首架大型人工影响天气无人机首飞成功

本报北京（2021年）1月7日电（中青报·中青网记者 邱晨辉） 记者7日从中国气象局获悉，1月6日15时24分56秒，我国第一架大型人工影响天气无人机"甘霖-Ⅰ"从甘肃省金昌市金川机场起飞，起飞后地面控制系统显示，无人机防除冰、大气探测、催化剂播撒等功能正常，系统稳定，性能满足项目要求，经过30多分钟飞行，"甘霖-Ⅰ"平稳着陆，首飞圆满成功。

2019年3月，为解决祁连山生态修复问题，甘肃省探索启动大型无人机人工影响天气作业，与中国气象局、中国航空工业集团有限公司等合作，历经一年多的项目研制，人工影响天气无人机"甘霖-Ⅰ"所有参数、指标均达到项目要求，并最终通过技术鉴定，进入作业效果评估和标准制定阶段。

中航（成都）无人机系统股份有限公司总设计师李屹东说："在翼龙-Ⅱ无人机基础上改进研制成功的'甘霖-Ⅰ'具备远距离气象探测能力、大气数据采集能力和增雨催化剂播撒能力，同时拥有可靠的防除冰能力，具备复杂气象条件下作业能力，大大提高了人工影响天气作业的效能。"

专家表示，与目前人工增雨（雪）的主要方式——地面发射增雨火箭弹、燃烧地面烟炉和有人机播撒增雨催化剂等相比，无人机增雨（雪）具有机动性好、作业时间长、安全风险低、执行效率高和机载数据可实时传输等特点，可解决目前人工增雨（雪）作业成本高、作业时空受安全限制多、作业手段单一、作业方式立体化程度不充分等一系列问题。

据介绍，甘肃祁连山区大型无人机增雨（雪）试验的成功，促进了大型无人机增雨（雪）工作在全国的示范应用。

评析：这则消息为事件性消息，报道新近发生的新闻事件。消息采用倒金字塔式结构形式，标题高度概括新闻事实，导语部分清楚呈现新闻事实的基本要素，主体部分以背景材料、专家对相关专业技术的介绍，说明该技术的突破性和创新性价值。这篇消息报道视角真实客观、信息完整充分、语句简洁精练。

第六节　简报

一、简报的含义

简报,就是对工作情况的简要报道。它是党政机关、社会团体和企事业单位用于向上级迅速及时地报告工作情况、反映存在的问题,向下级推广经验、指导工作,向平级单位互通情况、交流信息的一种重要事务文书。常见的工作动态、情况反映、简讯、内部参考、快报等,都属于简报。

二、简报的特点

(一)简要

简要就是内容集中,篇幅短小,文字简洁。每份简报的内容要做到单一、集中,一事一报,文字要精练,无空话、套话。

(二)真实

简报的内容必须真实准确。简报所写的事例,包括时间、地点、人物(或单位)、事情的前因后果、来龙去脉,引用的数据、人物语言等,都必须准确无误。

(三)快捷

简报的时限性很强,必须及时地把工作中出现的新情况、新问题、新典型、新动向,报告给有关机关和业务部门。

三、简报的类型

(一)工作简报

工作简报是指用以反映机关各方面工作情况的简报。这类简报又具体分为反映日常工作的简报和反映中心工作的简报,为定期或不定期编发的常规简报。

(二)会议简报

会议简报是在会议进行过程中或会后对会议情况所做的简要报道,它一般随会议进程而编发,作为动态的追踪报道,有些小型的或短期的会议,一般在会议结束之后再编发简报。

四、简报的写作格式

(一)报头

简报报头部分位于第一页的上方,大约占全页三分之一的篇幅,常常有通栏红线作为分隔线。报头格式相对固定,内容包括六个方面:简报名称、密级、编号、简报期数、编印单位、印发日期。

简报名称一般用套红印刷的大号字体。如:"××简报""××动态""××信息"。密级写在左上角,有的写"内部文件"或"内部资料,注意保存"等字样。编号写在名称下一行,用括号括上;简报期数一般按年分期,按照编发次序编流水号;有的在年序号下面再标注出版以来的总序号,写为"总第×期",增刊单独编期。编印单位位于期数左下侧。印发日期写在编印单位平行的右侧,年月日要写完整。

(二)报核

红色分隔线以下为报核,即简报所刊的一篇或多篇文章。每篇简报由标题、导语、主体、结尾等几个部分构成,具体写法和形式比较灵活。

1. 简报的标题:类似新闻的标题,要揭示主题,简短醒目。可用单行标题或双行标题(主副标题)的形式。

2. 简报的导语:通常用简明的一句话或一段话,概括全文的主旨或主要内容,要求准确、鲜明、凝练;要交代清楚谁(某人或某单位)、什么时间、干什么(事件)、结果怎样等内容。导语可以采用提问式、结论式、描写式、叙述式等写法。

3. 简报的主体:要用充实的、典型的、有说服力的材料,把所报事项的内容加以具体化、细节化。

4. 简报的结尾:可以指明事情发展的趋势,或提出希望及今后的打算。如果主体部分已经把事项全部写明,则自然结尾。

(三)报尾

在简报最后一页下端,用一条横线与报核隔开,横线下左边写明发送范围。报,指简报呈报的上级单位;送,指简报送往的同级或不相隶属的单位;发,指简报发放的下级单位。报尾还应包括本期简报的印刷份数,以便于管理、查对,并用一条分隔线与报送单位分开。

五、范例分析

例文1:

××审计简报
第 22 期

××市审计局   2018 年 9 月 7 日

审计厅调研组赴××市审计局调研廉政风险防控工作

9月6日上午,区审计厅纪检检察组组长×××率调研组一行,到××市审计局调研审计廉政风险防控工作。××市审计局组织召开调研座谈会。市审计局班子成员、科室负责人,县(区)审计局负责人参加座谈。

座谈会上,××市审计局介绍了加强审计机关廉政风险防控工作的做法和经验。近年来,局党组认真履行全面从严治党主体责任,严格防控廉政风险。一是加强廉政教育,增强廉洁意识。(略)二是进一步健全和完善学习制度。(略)三是严明党的纪律,完善监督制度。(略)

各县区审计局负责人结合各自实际,就如何开展好审计廉政风险防控工作谈了做法、经验及目前存在的困难等。

区审计厅调研组对××市审计局廉政风险防控工作的做法和成效予以充分肯定,并提出希望和要求,(略)。

评析:本篇简报为针对某专项工作的会议简报,采用新闻报道式的写作结构,导语部分突出了需要传递的核心信息,交代了会议召开的背景、时间、参与人员、中心议题;主体部分概括了会议的基本精神和主要内容。整篇简报结构清晰,语言简洁准确。

例文2:

××市积极推进学习型党组织建设常态化实效化

××市在学习型党组织建设工作中,充分发挥载体作用,不断完善工作机制,努力推进基层学习型党组织各项工作常态化、实效化。

一是加强组织领导。把学习型党组织建设纳入党的建设总体规划,并作为重要指标纳入全市科学发展综合考核体系,在充分调研的基础上,制定出台《关于进一步做好学习型党组织建设工作的若干意见》等一系列政策、文件,成立由市委主要领导任组长、各基层党委主要负责人为成员的建设工作领导小组及办公室,形成党委统一领导、宣传部门牵头协调、有关部门分工负责、各级党组织积极参与的领导体制和运行机制。

二是注重载体建设。根据试点先行、分类实施的原则,立足实践,树立标杆,并发挥其示范引导、带动辐射的作用,从而实现基层党组织学习活动的整体推进和全面提高。通过严格把关,遴选建立了××个学习型党组织建设工作联系点、××个基层党员学习教育实践点、××个流动党员学习教育联谊点,实现各级党组织、所有党员学习全覆盖。

(略)

评析:这是一篇综合性的工作情况简报,综合反映某一专门工作的进展情况,采用归纳总结的方法,将一段时期以来的工作特点分成几个方面分别加以陈述,用具体的事例和数据说明工作成效,并对相关工作的意义和价值进行述评。这篇简报主题鲜明,有一定的深度和广度,能够很好地反映情况、总结经验、推动工作。

六、简报的写作注意事项

1.注意区别简报与新闻消息

简报与新闻消息都要求迅速及时、客观反映新的情况,但是在传播内容和范围上存在一定的差距。新闻消息是在新闻媒体平台上公开发表,面向全社会的所有公众。简报所报道的内容多为本单位内部的新情况、新问题,一般局限在本单位范围内传播,不在媒体上公开发表。

2.注意区别简报和通报

简报和通报都要求及时、真实地反映单位内的重要情况,但是在目的、用途和表达等方面存在不同。通报主要针对正反两方面的典型和情况通报,一般在叙述情况后进行分析评价,目的在于发挥教育作用;通报可以作为正式文件发出。简报所叙述的事实,目的在于反映情况、沟通信息、交流经验,简报不能作为正式文件发出。

3.注意区别简报和报告

简报与报告的地位不同,报告是法定的文种,简报属于常用的事务文书。简报一般在单位内部交流,报告是下级机关向上级机关汇报工作、反应情况,属于上行文。简报也可以根据实际需求发给上级单位、平级单位、下级单位,行文比较灵活。报告要求遵守法定公文的格式写作,简报则相对比较简单灵活,篇幅短小。

第七节　述职报告

一、述职报告的含义

述职报告是对一个时期内执行岗位职责的实践活动情况进行自我评述的总结报告。述职报告的主要作用是使上级组织或人事部门全面细致地了解和评定某个集体或干部个人的政绩,预测干部发展潜力,促使干部忠于职守,更好地完成工作任务。

二、述职报告的类型

1. 从述职者报告的工作内容和范围来分,可分为综合性述职报告和专题性述职报告。
2. 从述职报告写作的表达方式来分,可分为陈述性的述职报告和随感性的述职报告。
3. 从述职报告的形式来分,可分为书面报告式述职报告和会议讲话式述职报告。

三、述职报告的写作格式

(一)标题

书面述职报告可以直接采用"文种"《述职报告》为标题;或者加上第一人称《我的述职报告》;也可以用"述职者职务+姓名+文种"的形式,如《××大学校长×××的述职报告》。

(二)称谓

首先要称呼述职报告的呈送单位、部门或负责人,如组织部、人事处、单位考核评定委员会等。如果是会议讲话式的,读给所属单位人员听的,可以"同事们""同志们"为称谓。

(三)正文

述职报告一般包括开头、主体、结尾三大部分。

1. 开头:交代任职情况,包括所任职务、任职时间、所负责的具体工作等,可以对所做的工作情况进行总体评价。

2. 主体:一是要说明自身履行岗位职责的情况。把所完成的工作分成几个方面,阐述各方面工作的主要进程、采取的主要措施、取得的主要成绩。要注意密切联系实际,用工作实绩说明自己是怎样履行岗位职责的,做到丰富、生动、具体、客观。二是指出工作中存在的问题与不足。剖析自己,找出原因,归纳教训。三是写出今后努力的方向与打算。主要针对缺点和不足提出进一步改进工作的措施。

3. 结尾:常以结束语作为结尾,如"以上报告,请审查。""专此报告,请审阅。""特此报告。""专此述职。"等。

(四)附件

如果有需要补充说明正文的文字材料、图表等,例如获奖证书、文章转载情况等,可以作为附件附在述职报告的最后。述职报告的正文末尾左下方写明附件的名称及其数量。

(五)落款

写上述职人的职务和姓名,如果标题中或标题下已经出现过,也可以省略不写。另需写明成文日期。

四、范例分析

2022 年度个人述职报告

××县人民政府副县长 ×××

一年来,在县委、县政府的坚强领导下,坚持以习近平新时代中国特色社会主义思想为指导,认真履职尽责,从严从实落实各项工作,较好地完成了全年工作任务。现将有关情况报告如下。

一、加强思想建设,全面提高履职能力

始终坚持把思想建设放在各项工作的首位,不断补足精神之"钙",筑牢思想之"魂",增强干事创业内生动力。一是自觉强化理论武装。(略)二是努力做到学以致用。(略)三是不断提升政治能力。(略)

二、扎实履职尽责,全力推进工作落实

紧紧围绕县委、县政府既定工作任务,以奋发有为的精神状态和"时时放心不下"的责任意识推动各项工作扎实落实。一是脱贫攻坚成果持续巩固。(略)二是全面推进乡村振兴。(略)三是全力保障粮食安全。(略)

三、加强作风建设,恪守廉洁从政底线

坚决落实全面从严治党要求,持之以恒加强作风建设,自觉筑牢拒腐防变思想防线,始终保持昂扬向上的精神状态和忠诚干净担当的政治本色。(略)

四、认真查找差距,深刻剖析问题根源

虽然今年的工作取得了一定成绩,但离上级要求和群众的期盼还有一定差距和不足。(略)

五、紧扣短板弱项,扎实推进整改落实

下一步,坚持把问题整改作为转变工作作风、促进工作落实重要抓手,尽快整改到位、落实到位。(略)

2023 年 3 月 17 日

评析:这篇述职报告首段对自己的履职情况进行总体介绍和评价,正文部分从 3 个方面对自己的工作情况进行陈述,将工作实绩进行了具体详细的叙述。然后谈及工作中存在的不足及下一年工作的打算。此述职报告属于常规式写作,内容全面且重点突出。

第八节 调查报告

一、调查报告的含义

调查报告是指根据特定的调查目的对客观事物和社会问题进行深入细致的调查研究,之后写成的揭示事物本质和规律的文书。调查报告对于全面系统地认识事物、解决问题具有重要意义,能够进一步推动工作的深入开展。

调查报告的形成可以分为调查和报告两个主要环节或阶段。调查包括对事实材料的了解、考察、收集、鉴别以及对事实材料的分析、研究与归纳、概括。报告是把调查、研究得到的典型材料和从中归纳、概括出来的观点、经验、教训或问题写成文章。

二、调查报告的类型

1. 介绍基本情况的调查报告:以系统、全面地反映实际情况为主,同时查出存在的问题并分析其根源,并且对下一步开展工作提出意见和建议,从而为正确决策提供依据。

2. 用以推广经验的调查报告:报告先进单位或个人的先进事迹和典型经验,为人们改进工作方法、提高工作效率树立学习的榜样。

3. 揭露社会问题的调查报告:针对现实生活中存在的某些问题进行深入调查,发现真相和本质,找到问题的症结,使人引以为戒。

4. 反映新生事物的调查报告:较全面地反映能体现时代精神的新事物,揭示其发生背景、发展规律,讴歌新生事物的成长。

5. 考察历史事实的调查报告:对某一历史事实进行调查,反映历史事件,还原历史本来面貌。

三、调查报告的写作格式

(一)标题

1. 公文式标题:标明调查者、调查的对象、主要内容和文种,如《××局关于××厂技术改革情况的调查报告》。

2. 论文式标题:在标题中直接点明结论,或提出问题,或概括全文的主要内容或中心,但不标明文种,如《××市蔬菜的品种结构问题》。

3. 新闻式标题:多以双行标题的形式出现,正题提示主题,副题用公文式标题形式标明调查对象、范围、主要问题等,如《百姓与"家轿"——关于影响购买家庭轿车主要因素的调查》。

(二)正文

1. 前言:调查报告的前言也称导言、引言和开头,内容主要包括调查的时间、地点、目的、对象、问题、范围、方式、结论等,要求紧扣主题,做到简练概括。有的调查报告开门见山,直接进入主体部分,而将前言部分省略掉。

前言部分的写法比较灵活,可概述文章的主题,交代调查的基本情况,说明调查的目的、方法、时间、范围、背景等,对调查过程的基本情况进行介绍;或者概括调查对象的实际情况,将调查背景做以交代,通过今昔对比提出问题;也可以介绍调查对象的基本情况,或提出总观点,并做简要说明;还可以从分析政策或事理入手,引出调查对象。

2. 主体:主体部分是调查报告的基本内容,它以调查所得确凿事实和数据介绍调查对象的基本情况及其发生、发展与变化过程,以及从这些事实材料中所总结出来的经验教训。有的调查报告还提出解决问题的建议。主体部分内容的安排要做到先后有序、主次分明、详略得当、重点突出、逻辑严密。其结构方式包括:

(1)纵式结构:按事物发生、发展的自然顺序或事物间的逻辑关系分阶段叙述,从调查对象的演变过程和前后变化中去发现本质和规律。可按事件的起因、发展和结局的先后顺序进行叙述和议论,还可以按成绩(变化、特点、效果)、原因(经验、做法、作用)、结论(意见、建议、启示)层层递进的方式安排结构。

(2)横式结构:把主要内容横向展开、平行排列的结构方式。把调查报告的内容归纳成几个方面,加上小标题并列排放,分别阐述。

(3)纵横式结构:把纵式和横式综合起来运用的结构方式。从全文看是按事物和自然发展顺序来写,但在叙述的过程中又对某一问题的几个方面横向展开、分别说明。

3. 结尾:调查报告的结尾通常概括全篇,点明主旨,概括全文的主要观点,对主题内容进行升华;也可针对存在的问题提出建议或意见,或指出问题引起有关方面注意,或启发人们对问题的思考;还可以在结尾处展望前景,提出设想;也可自然收束,不写结尾。

(三)落款

调查报告的落款应写上调查者姓名和成文日期;也可把调查者单位、姓名等信息放在标题下面。

(四)附录

调查报告的附录部分可以列出调查问卷、量表、计算公式、抽样方案、数据、图表等,也可列上参考文献。

四、范例分析

关于传统村落保护利用情况的调研报告(摘登)

安徽省政协专题调研组

根据省委主要负责同志要求,省政协调研组围绕"加强传统村落保护利用"开展重大课题研究,调研组分赴黄山、宣城、池州、安庆、六安等地开展蹲点式、沉浸式调研,赴吉林省、浙江省学习考察,向山西省、贵州省进行书面调研,组织全省各民主党派、工商联及16个省辖市政协开展联动调研。同时,委托国家统计局安徽调查总队开展问卷调查和座谈走访,形成统计分析报告。

调研组认为,传统村落传承着中华民族的历史记忆、生产生活智慧、文化艺术结晶和民族地域特色,是连接传统文化和时代精神的重要桥梁。当前,我省正处于厚积薄发、动能强劲、大有可为的上升期、关键期,省委省政府从推进马克思主义中国化时代化"两个结合"的高度,狠抓传统村落保护利用,有利于促进中华优秀传统文化的传承复兴,有利于巩固拓展脱贫攻坚成果同乡村振兴有效衔接,有利于推动经济社会高质量发展和人民群众高品质生活,其时已至、其势已成。

现将调研情况报告如下：

一、基本情况

从全国看，我省传统村落数量众多、位次靠前。自2012年实施传统村落保护工程以来，我国已有8155个传统村落列入国家级保护名录，形成了世界上规模最庞大、内容最丰富、特色最鲜明、体系最完整的农耕文明遗产保护群。

我省共有传统村落807个，其中，国家级传统村落469个，位居第七，占全国总量的5.75%。（略）

二、主要做法和成效

近年来，省委省政府认真贯彻落实习近平总书记关于传统村落保护利用的重要讲话重要指示精神，坚持"保护为先、利用为基、传承为本"原则，锚定"留住乡亲、护住乡土、记住乡愁"目标，全省传统村落保护利用工作取得明显成效。

一是思想上高度重视。省委省政府系统谋划。（略）

二是规划上点面结合。全省编制整体规划。（略）

三是传承上守正创新。探索一批"传统村落+文化"模式。（略）

四是利用上以用促保。发展乡村旅游。（略）

五是运营上多方参与。创新建设运营模式。（略）

六是示范上带动有力。连片带动。（略）

三、存在的主要问题

我省传统村落保护利用纵向比有进步、横向比有差距，保护利用中存在省级层面"法规不全"、保护建设"有心无力"、文化挖掘"千村一面"、发展利用"活力不强"、宣传推介"酒香巷深"、工作推进"合力不够"等亟待解决的问题。

四、意见建议

为全面推进我省传统村落保护利用，从总体目标、原则要求、理念思路、主要任务四个方面，提出以下意见建议。

（一）总体目标上导向引领（略）

（二）原则要求上把准定位（略）

（三）理念思路上敢于突破（略）

（四）主要任务上聚焦重点（略）

（来源：安徽新闻网－安徽日报 2023－08－21）

评析：这篇调查报告首先说明了调查的背景和目的、调查方法，以及调查过程的基本情况。主体部分对所调查事项的现状进行了归纳和分析，接着概括调查发现的问题，最后得出结论并针对问题提出了详细的解决措施。这篇调查报告结构完整，材料翔实充分，布局合理，有叙有议，观点鲜明准确，语言精练。

五、调查报告的写作注意事项

1.掌握分析研究方法，注意遵循事物发展的客观规律

分析研究贯穿于调查报告写作的全过程。要对在调查中获取的大量原始材料进行整合梳理，去粗存精，去伪存真，归纳概括出所调查事物的性质、特点、状况。对材料认真进行分析研究，提出观点，得出结论，提出建议，从而完整、系统地对问题进行说明，使调查报告具有理论价值。

2.实事求是，把观点和材料统一起来

调查报告是建立在占有大量事实材料的基础上，充分了解实际情况和全面掌握可靠的材料是写好调查报告的基础。在写作时要善于运用具体的、典型的材料说明问题，用数据支撑观点，可以用综合性的材料，也可以用对比的方法说明问题。运用叙述、说明、议论等表达方式，使观点和材料紧密结合。

3.内容集中有深度，注意逻辑性与科学性

调查报告都是针对某一综合性或专题性的问题展开，要求所反映的问题要集中，分析研究要有深度。不能简单地堆砌材料，而是要揭示事物的本质和规律，深挖事物发展变化的原因，预测事物发展的趋势，分析论证要有严密的逻辑性，得出的结论要有科学性。

第九节　事迹材料

一、事迹材料的含义

事迹材料又叫先进事迹材料，或者叫典型材料，是如实记载和反映工作、生产和学习过程中涌现出来的先进单位、先进人物的优秀事迹的书面文字材料。

事迹材料的种类较多，按照所涉及的对象来划分，可分为个人事迹材料和单位事迹材料；按照内容性质来划分，可分为典型人物事迹材料、典型经验事迹材料、典型事件事迹材料。

事迹材料的作用在于评选先进、表彰优秀、宣传典型，为人们树立榜样。要突出其在本行业或某个群体中的先进性、代表性，具有标杆、导向和教育的意义。

二、事迹材料的特点

(一)真实性

事迹材料是围绕某人或某集体的真实事迹进行叙述，所描述的先进事迹是客观存在的事实，而且达到了先进和优秀的程度，不能在文中进行虚构或矫饰。

(二)充实性

事迹材料通过介绍先进典型的事迹和经验，使人受到启迪、悟出道理。典型事例的叙述是丰富充实的，从多个侧面塑造先进人物的思想、品德和情操，或展现先进集体的成功经验和好的做法，使典型形象生动鲜活、贴近群众，富有感召力。

(三)典型性

事迹材料中的先进人物或先进集体集中反映的是时代精神，他们的先进事迹具有典型性、代表性，能够为同时代的人树立榜样，激励人们向他们学习。

三、事迹材料的写作格式

(一)标题

1. 公文式标题:可由"单位名称或个人姓名+事由+文种"构成,如《××单位抗洪抢险的先进事迹》;也可以是"单位名称或个人姓名+文种"的形式,如《××同志先进事迹》;或者是"荣誉称号+文种",如《道德建设先进班组事迹材料》。

2. 文章式标题:可以采用单行标题,高度概括、凝练主要内容,如《勤学勤做勤求索 助己助人助天下》;或采用双行式标题,也就是主副标题的形式,主标题概括事物的性质、特点等,副标题写明单位名称和文种等,如《打造现代交通客运体系新亮点——记××公路客运枢纽站项目建设指挥部》。

(二)正文

事迹材料正文的写作包括开头(导语)、主体和结尾三个部分。

1. 开头:简要介绍先进典型的基本情况,先进人物的姓名、性别、年龄、职务、工作单位、工作年限等;概述先进典型的基本情况,所取得的成绩,对其进行评价;说明已经受到的表彰和奖励等,使读者对先进典型有大致的了解。

也可以先写先进典型的远大理想,实现的目标,所体现的时代精神,说明取得成绩的根源。或者用他人角度式,使用第三人称描述和评价先进事迹。也可以在开头采用落差悬念式,描写先进典型把不可能变成可能,做出了让人惊叹的非凡事迹,但出人意料又在情理之中。

2. 主体:是事迹材料的核心内容,要展开叙述先进事迹、成功的做法、主要的工作成绩等,要求具体详细地进行描述。宜采用归纳概括的方法,针对先进典型的特征,分别从不同侧面反映先进事迹的具体表现,用典型事例加以说明。

在层次安排上,可以采用时间顺序,按照事件发生、发展的先后顺序来排列;也可以按照一定的逻辑顺序,不同层次之间呈现为并列、递进、因果等内在关系,显得条理清晰,层次分明。

3. 结尾:可对先进事迹进行总体评价,阐述先进事迹的意义;也可以指出先进事迹产生的深远影响;还可以发出向先进典型学习的号召,提出学习的要求。

四、范例分析

"我没倒下,有种精神支撑着我"
——记"燃灯校长"张桂梅
中共云南省委

为了燃起希望,她听从党的号召,扎根边疆、巾帼建功,把40多年美好人生奉献给党的教育事业;

为了燃起希望,她践行教育使命,与时代同行、与疾病抗争,推动创办了全国第一所全免费女子高中,10多年来,先后让1800多名贫困山区女孩梦圆大学;

为了燃起希望,她愿做幸福使者,不是妈妈、胜似妈妈,为136个儿童福利院的孩子撑起爱的蓝天。

她,就是践行习近平总书记"四有"好老师要求的优秀榜样,是脱贫攻坚中涌现出的教育扶贫先进典型,是新时代妇女投身脱贫攻坚巾帼建功的杰出代表,是点亮乡村女孩人生梦想的优秀人民教师,云南省丽江市华坪女子高级中学党支部书记、校长和华坪县儿童福利院(华坪儿童之家)院长张桂梅。(略)

信仰如炬 一盏星火照远方

心有所信,方能行远。共产党员为党的事业而奋斗,不惜流血牺牲,靠的就是一种信念,为的就是一种理想。"燃灯校长"张桂梅,就是这样的人,让华坪女子高中的师生们远方有灯、脚下有路、眼里有光,让理想信念迸发出改天换地的强大力量,为山区女孩追梦人生铺起了一条光明大道。这是拔掉穷根的坚定信念。华坪县地处金沙江腹地,山区面积占97%,2/3以上的大山海拔在1500米以上,散居着傈僳族、纳西族、彝族等民族。走出大山、改变命运、过上好日子,是山里人世世代代的梦想、心心念念的追求。

(略)

担当如铁 一份责任筑梦想

巾帼之志不可夺,弱肩也能担道义。2007年,张桂梅当选党的十七大代表赴京参会,当听到"促进社会公平正义,努力使全体人民学有所教"时,她眼睛里跳动着热切的火苗。作为党代表,"不仅是荣誉,更是一种责任"。为了实现办一所不收费的女子高中、把山里的女孩子都找来读书的梦想,张桂梅积极探索,努力办好教育,在党和老百姓之间架起了一座桥梁。

坚守如磐 一片丹心育新人

(略)

奉献如歌 一生情怀铸丰碑

(略)

"教师是立教之本、兴教之源,承担着让每个孩子健康成长、办好人民满意教育的重任。"张桂梅矢志不渝跟党走、痴心执着办教育、无私无我育新人,扎根边疆教育一线,当好教育改革的奋进者、教育扶贫的先行者、学生成长的引导者,用爱心和智慧点亮万千乡村女孩的人生梦想,展现了当代人民教师的高尚师德和责任担当。

评析:撰写先进人物的事迹材料,如果能够从平凡之中、细微之处挖掘出闪光点,人物就更加立体饱满、感人至深。这篇事迹材料标题凝练,主标题直接引用主人公的原话,朴实生动;各小标题采用统一形式,精准概括人物特点。主体内容的叙述语言鲜活生动,文字优美,富有思想性。全文真实感人,突出了先进典型的优秀品质,能够切实发挥榜样的示范引领作用。

第十节　方案

一、方案的含义

方案是机关单位针对重要工作或重大活动,做出的全面、系统、周密的谋划构想和具体安排,对目标要求、工作内容、方式方法、工作步骤等做出明确的部署,属于计划类文书。制定方案的目的在于确保重要工作或活动能够有序开展,实现既定目标。

二、方案的特点

(一)策划性

方案要对工作或活动进行全面的策划与安排,往往需要多部门、多人员参与,组织、协调工作比较繁杂,因此制定方案时对各个环节的构想都要合理、明确、周到,否则就无法达到有效实施的目的。策划是否妥当直接决定方案质量的好坏,也直接影响到实施过程的成败。

(二)周密性

方案是对重要工作或活动的预先安排,是对目的、要求、方式、方法、步骤等方面的完整的可实施的计划,编制方案要求细致、周全、严密,可行性和可操作性要强,以利于相关工作的有序、有效开展和各环节的顺利推进。

(三)规定性

方案的制定首先要以党和国家的各项方针政策为指引,根据上级有关文件及精神,以机关单位发展建设的总体方向为基础,所制定的方案还要从具体的工作内容和目标要求出发,结合实际情况来制定。方案一旦制定完成,各有关单位或部门就要按照方案认真组织实施,因此具有很强的规定性。

三、方案的写作格式

(一)标题

方案的标题通常采用"发文机关+事由+文种"的形式,如《××单位关于开展干部作风建设的实施方案》;还可以采用在标题中加上特定的时间,"时间+发文机关+事由+文种"的形式,如《××年××地区科技发展工作目标考核方案》;或可以采用"事由+文种"的结构,如《药品监督管理体制改革方案》。

(二)主送机关

方案通常下发给机关单位所属的各个部门、有关单位、各个科室及有关人员,要求其按照方案组织实施,因此有明确的主送机关。主送机关一般放在正文之前,也可以在文尾的主送和抄送栏内。如果是呈送给上级机关的方案,一般放在抄送的位置,起到使其便于审批和备案的作用。

(三)正文

1.前言:也就是方案的开头部分,需要交代方案制定的目的、意义、依据等,采用"为了……""根据……,特制定本方案"等形式来表达。制定方案的意义和依据是方案形成的基础,是方案信度、效度和可行性的前提,要求表述清楚、具体又要简明扼要。

2.主体:陈述方案的主要内容,包括指导思想、目标要求、工作原则、具体工作内容、方式方法、实施步骤、组织保障等。首先,要求把基本情况写清楚,如涉及的时间、地点、主题、内容、方式、主办单位、协办单位等;概括出方案中有关工作或活动的目的、意义、价值等。其次,重点写明主要的措施、手段、步骤安排以及具体的内容,包括人、财、物等各个方面的组织安排和部署,明确责任单位或责任人,工作的内容、方式、质量和指标要求等。另外,如果相关工作或活动还需要考虑到安全保障措施、组织领导要求以及资金保障等方面的内容,都需要有条理地逐项列出。

3. 结尾:方案的结尾处可以提出执行方案的要求和注意事项,也可以鼓励相关单位或人员投入工作,提出希望和要求,展望未来等。如果有必要也可注明方案执行过程中需要联系的单位、部门、人员等信息,便于协调解决可能出现的问题或矛盾。

4. 落款:方案的落款包括发文机关名称和成文日期,如果在标题中已经标明发文机关,在这里可以省略不写。

四、范例分析

中华经典诵读工程实施方案

各省、自治区、直辖市教育厅(教委)、语委,(略):

为深入贯彻习近平新时代中国特色社会主义思想和党的十九大精神,落实中共中央办公厅、国务院办公厅印发的《关于实施中华优秀传统文化传承发展工程的意见》,教育部、国家语委组织实施中华经典诵读工程,通过开展经典诵读、书写、讲解等文化实践活动,挖掘与诠释中华经典文化的内涵及现实意义,引领社会大众特别是广大青少年更好地熟悉诗词歌赋、亲近中华经典,更加广泛深入地领悟中华思想理念、传承中华传统美德、弘扬中华人文精神,特制定本实施方案。

一、总体要求

(一)指导思想

"普通话诵经典,规范字书中华"。中华经典诵读工程以立德树人、培育社会主义核心价值观为根本任务,以传承弘扬中华优秀传统文化、革命文化和社会主义先进文化为核心内容,以诵读、书写、讲解等文化实践活动为主要形式,以课程教材、资源平台及人才培养建设为基础支撑,以广大青少年、教师、家长和中华文化爱好者为基本对象,充分发挥语言文字在传承发展中华优秀文化中的重要作用,为青少年的美好人生打下鲜明中国底色,为增强人民群众的文化自信提供有力支撑。

(二)工作目标

到 2025 年,使社会大众尤其是青少年更加热爱中华经典,语文素养和语言文字应用能力显著提升,具有较强的国家通用语言文字规范意识和自觉传承弘扬中华优秀传统文化的意识,普遍具有高度的语言自信和文化自信,国家通用语言文字普及率进一步提升;学校和社会中华经典诵读活动广泛开展,成为品牌,形成长效机制;(略)。

二、基本原则

(一)坚持中央统筹与地方落实并重。在国家统筹基础上,充分发挥地方教育(语言文字)部门的主管作用,切实把中华经典诵读工程的实施摆上重要日程,协调有关行业主管部门、语委成员单位,充分调动各方面积极性,共同实施好工程的各项任务。

(二)坚持基础建设与创新发展并重。(略)

(三)坚持学校教育与社会参与并重。(略)

(四)坚持活动引领与机制建设并重。(略)

(五)坚持传承普及与传播交流并重。(略)

三、重点任务

（一）实践活动引领

1. 举办全国性大型活动。（略）

2. 建设校园诵读品牌。（略）

3. 组织"送经典下基层"活动。（略）

4. 开展中国节庆日诵读活动。（略）

（二）平台基地支撑

5. 打造多媒体传播平台。（略）

6. 建设中华经典诵写讲基地。（略）

（三）基础资源保障(略)

（四）合作交流传播(略)

四、组织实施

（一）加强组织领导。（略）

（二）发挥专家力量。（略）

（三）整合社会资源。（略）

（四）保障必要经费。（略）

教育部

国家语委

2018 年 9 月 25 日

评析:这篇实施方案主题明确具体,开头部分写明制定方案的依据、目的,主体部分针对方案的指导思想、工作目标、重点任务和组织实施进行了详细的阐述,对工作涉及的各个环节都做了安排部署;内容详尽,重点突出,条理清晰,便于受文单位操作和执行。

第四章　日常文书

党政机关、企事业单位和社会团体等各级各类社会组织在日常公务活动中,往往会因为各种事务工作而经常往来沟通,会使用到言辞类、信函类、礼仪类、告启类等各种类型的日常文书。这类文书可以加强各机关单位之间的沟通交流,实现其应有的功能,在公务活动中必不可少。

第一节　讲话稿

一、讲话稿的含义

讲话稿也称为发言稿,是讲话者为在各种会议、团体集会、仪式庆典等场合发表讲话而准备的文稿。

二、讲话稿的特点

(一)针对性

讲话稿的内容要针对某一方面的工作或问题,目的是贯彻上级指示精神,实施本级的决定或者布置任务,对所要进行的工作提出指导性意见。讲话稿要求中心突出、内容集中、贴合实际,还要有一定的思想性,阐述所进行工作的意义,能够对问题进行分析、总结,提出解决问题的办法,阐明意见、建议等。

(二)鼓动性

通常情况下,讲话稿要采用富有鼓动性的言辞去打动听众,起到激励、鼓舞、动员的作用,让听众信服、引起听众内心的共鸣,愿意服从讲话内容中的调动和安排,这样讲话才能取得成效。

(三)通俗性

讲话稿要减少书面语,多突出口语色彩,适当运用一些成语、典故、俗语等增添语言效果,使听众听得懂,记得住。

三、讲话稿的写作格式

(一)标题

讲话稿如果以书面的形式呈现,需要拟写标题,通常可以采用公文式标题,"讲话人+会议名称+文种"的形式,如《××同志在全民义务植树动员大会上的讲话》;或者采用"会议名称+文种"的形式,如《在庆祝中国共产党成立××周年大会上的讲话》。

讲话稿也可以采用文章式标题,尤其是讲话稿需要在报刊、媒体等载体发布时,可采用更富有文采的文章式标题。一种是使用单行标题,直接揭示中心内容和主旨,如《目前的形势和我们的任务》;另外也可以使用双行标题,也就是主副标题的形式,主标题揭示讲话的主旨,副标题点出讲话的场合、时间、讲话人身份等,如《抓住机遇 乘势而上 大力推进干部人事制度改革——(××)在××会议上的讲话》。

(二)称谓

讲话要针对不同的听众选用不同的称谓,如"同志们""朋友们""女士们、先生们""尊敬的××、同志们""各位代表""各位嘉宾"等。然后一般要致以问候,对出席人员表示欢迎或者感谢、慰问等。

(三)正文

讲话稿正文的写作通常包括开头、主体和结尾三个部分。

讲话稿的开头也称为"导语"或"开场白",可以先说明讲话的目的,或者从人们熟悉的某件事物谈起,引出讲话的主题,也可以直接概括讲话的内容或主要观点。讲话稿开头的方式比较灵活,总体来说要做到简明扼要,还要吸引人。能够开门见山,快速进入主题,又能够引起听众的兴趣。

主体部分是讲话稿的核心内容,要围绕中心展开论述,要求层次分明、重点突出、逻辑严谨。主体一般有两种层次划分形式:一是递进式,即各个部分之间按照时间顺序或内容的重要程度层层推进,渐次深入地展开;二是并列式,即各个部分之间根据主题表达的需要,把内容分割成相对独立的几个部分,各部分之间形成并列关系。

讲话稿常见的结尾方式有五种:一是概括式,即概括主要内容,强调或揭示主题,对全文进行回顾和总结;二是希望式,即提出希望和要求,勉励听众;三是憧憬式,即展望美好未来,鼓舞斗志;四是哲理式,即饱含哲理,发人深省;五是抒情式,即表达情感、发出美好的祝愿,引起感情上的共鸣。

(四)落款

讲话稿如果需要正式发表,则需要在正文下方注明讲话人的身份、姓名和发表讲话的时间。这些信息也可标注在标题下方,如标注在标题下方,则此处可省略。

四、范例评析

在全县农村人居环境整治工作推进会上的讲话

××

（2022 年 7 月 19 日）

同志们：

昨天，我们利用一天的时间，组织大家到兄弟县区观摩学习农村人居环境整治示范村建设经验，相信大家都收获满满。今天我们召开这次推进会，主要任务就是安排部署全县农村人居环境整治工作，动员全县上下进一步统一思想，明确任务，强化措施，抓住关键，扎实推进人居环境整治，将观摩学习收获转化为实际工作成果。下面，就全县农村人居环境整治工作，我讲四点意见：

一、提高站位抓推进，充分认识抓好农村人居环境整治的重大意义

村庄干净整洁是乡村振兴的基本要求，是乡愁得以安放的基础，事关广大农民群众的根本福祉。大家要从三个方面深化认识、提高站位：

第一，抓好农村人居环境整治，是践行习近平生态文明思想的重要体现。（略）

第二，抓好农村人居环境整治，是提升群众幸福指数的迫切需要。（略）

第三，抓好农村人居环境整治，是推动农业农村高质量发展的必然要求。（略）

二、务实推进，切实把握好农村人居环境整治的几个关键性问题

前期，县上出台了人居环境整治三年行动及"十百千"示范镇村建设实施方案，对农村人居环境整治作了系统安排，大家在工作中，要注意研究解决好几个关键性问题：（略）

三、把握重点，强力推进各项重点工作任务落实

（略）

一要深入实施"三大革命"。一是要有序推进农村"厕所革命"。（略）二是要全面推进农村生活垃圾治理。（略）三是要积极推进农村生活污水治理。（略）

二要扎实推进"三大行动"。（略）

三要注重做好"五个结合"。（略）

四、狠抓落实，确保农村人居环境整治取得实效

（略）

同志们，推进农村人居环境整治，是实现乡村振兴的第一场硬仗。全县上下要以高度的责任感和使命感，加力加劲、真抓实干，切实把这一事关农业农村高质量发展、事关群众生活福祉的大事抓好，为建设生态、美丽、宜居的幸福××作出新的更大贡献！

评析：这篇讲话稿首先说明了讲话的主题，发表讲话的背景、目的，在主体部分重点阐述了相关事项的重要意义，推动工作的几个重要问题，以及对任务落实提出了要求。这篇讲话稿主题明确、层次分明、语言准确，具有较强的现实指导意义。

五、讲话稿的写作注意事项

1.避免雷同。应邀参加会议讲话，常常会遇到多人讲同一个问题，这种情况下应避免讲话

稿内容的重复,可以根据讲话者的身份就会议主题阐发观点,形成"一家之言",或者适当变换角度,用独特的角度看待问题,使人耳目一新;还可以采用新颖的材料来说明问题,使听众开阔视野。另外,作为会议的组织者要有总体设计,应该就讲话者的讲话内容、侧重点组织安排好,以避免雷同。

2.独特的风格。讲话稿忌千篇一律、平淡无奇,讲话应有自己独特的风格,才能使听众听得进、记得住。可根据讲话人不同的性格特点、职务特点、语言习惯等,写出不同风格的讲话稿,使讲话更有文采、更有生机和活力、更富有感染力和号召力。

第二节　欢迎词

一、欢迎词的含义

欢迎词是在迎接宾客的仪式、会议或宴会开始时对宾客的到来表示热诚欢迎时使用的一种讲话文稿。欢迎词可以在宾主之间营造一种和谐融洽的气氛,促成互相尊重、亲切友好的关系,一般用于社交礼仪场合,属于礼仪类的文书。

二、欢迎词的特点

(一)热情真挚

欢迎词用富有激情的语言表现出致辞人的真诚,以及对嘉宾到来的欢喜、愉快的心情,在语言上表现为热情友好、感情真挚。

(二)口语化、通俗化

欢迎词是在现场当面向宾客进行口头表述的,因此欢迎词是通俗易懂的口语化、通俗化语言,简洁亲切,以拉近宾主之间的关系。

三、欢迎词的写作格式

(一)标题

欢迎词以书面的形式呈现的时候,需要写作标题:一是直接采用文种《欢迎词》作为标题;二是可以采用"致辞场合+文种"的形式,如《在××会议开幕式上的欢迎词》;三是可以采用"致辞人+致辞场合+文种"的形式,如《××同志在××会上的欢迎词》;有时也可以不写"欢迎词"三个字,而用"讲话"代替,如《××在欢迎××的宴会上的讲话》。

(二)称谓

欢迎词称呼对方要特别注重礼貌,对集体成员,一般称呼"各位来宾""女士们、先生们""朋友们"等,也可以在前面加上敬辞,如"尊敬的各位来宾"等;对个人的称呼,一般采用姓名加职务的形式,称对方的姓名要用全名,如"××部长""××同志"等,也可在名字前加"尊敬的""亲爱的"等敬语,如果是欢迎外国贵宾,可在姓名后面加上"阁下""夫人"等词。

(三)正文

欢迎词通常比较简短,但在结构上也包括开头、主体、结尾三个部分。

欢迎词的开头一般先概括说明宾客来访的背景,说明致辞人的身份,对宾客的到来表示热烈的欢迎、诚挚的问候和致以敬意。

欢迎词的主体部分要阐明来宾到访的重要意义和作用,赞颂客人在某方面所取得的突出成就和贡献,回顾双方的交往和友谊,表示对双方友谊的珍惜,期待进一步的交往与合作,或表示对造访要达到的预期目标的期待等。

欢迎词的结尾一般是再一次表达欢迎之意,祝愿来宾到访取得圆满成功,或表示感谢,或祝愿其访问期间过得愉快,以及对工作和生活的美好祝愿等。

(四)落款

欢迎词如果需要正式发表,则需要在正文下方注明致辞者的身份(职务)、姓名和致辞的时间。

四、范例分析

欢迎词

尊敬的各位委员:

人勤春来早,奋进正当时。在这播种希望、逐梦起航的美好时节,我们迎来了中国人民政治协商会议第××届××县委员会第二次会议。这是一次为××经济社会发展建诤言、献良策的盛会,是一次传递社情民意、汇聚发展动力的盛会。在此,谨向各位委员致以诚挚的问候和崇高的敬意!

一路风雨兼程,一路春华秋实。回顾过去的一年,在中共××县委的坚强领导和县政府的大力支持下,××届县政协开局起步,步履铿锵。广大政协委员调查研究接地气,专题协商显水平,民主监督讲实话,参政议政促发展,围绕县委政府中心工作,主动架起联系群众的"连心桥",画好履职尽责的"工笔画",(略)为推动全县发展贡献了智慧和力量。

新征程扬帆起航,新使命重任在肩。(略)助推现代化××建设,更加需要政协各参加单位以恪尽职守诠释责任,以奋发有为回应期待,以实干担当展示风采;更加需要广大政协委员商以求同集众智,协以成事聚群力,紧扣中心凝共识。(略)

任重道远须策马,风正潮平好扬帆。历史的画卷在砥砺前行中铺展,时代的华章在接续奋斗中书写,让我们充分发挥人民政协专门协商机构作用,用汗水浇灌收获,以实干笃定前行,把这次大会开成一次求真务实的大会、凝心聚力的大会、团结奋进的大会!

预祝大会圆满成功!祝各位委员工作顺利、万事如意!

政协第××届××县委员会

第二次会议秘书处

2023 年 2 月 12 日

评析:这篇欢迎词首先描述了会议召开的背景和重要意义,表达了对各位委员的诚挚问候和敬意;主体部分回顾了所取得的成绩,各位委员对此作出的贡献,展望了未来的美好发展前景;最后致送诚挚的祝福。全文情真意切,条理清晰,文辞优美凝练。

第三节 欢送词

一、欢送词的含义

欢送词是在欢送仪式或宴会上向来宾或即将离去人员发表的表示欢送的演说词,其主要功能是对人员的离去表示热情欢送。欢送词主要用于国家、组织或单位的领导人代表国家、组织或单位致辞,感谢宾客的光临,祝他们归途平安。欢送词也适用于军人退伍、学生毕业、退休离任等情况,表达惜别之情和对未来的美好祝愿。

二、欢送词的写作格式

(一)标题

欢送词的标题一般有两种写法:一种是只用《欢送词》;另一种是加上致辞人的姓名、致辞场合等,如《××在××会上的欢送词》;有的情况下,还可以用"讲话"来代替"欢送词",如《××在欢送退伍战士大会上的讲话》等。

(二)称谓

欢送词的称谓可以是具体的姓名,要用全称,在姓名之前可用"尊敬的""亲爱的"等敬语,在姓名后面可加上头衔、称呼;对集体成员称呼如"女士们、先生们""各位来宾、各位朋友"等;对外国宾客可称为"阁下""先生""夫人"等。

(三)正文

欢送词的正文一般由开头、主体和结语组成。

开头应首先表达东道主热烈的欢送之意,致辞者在特定的背景或情况下,向即将离去人员表示问候、感谢和欢送。

主体部分简要介绍来宾来访或人员工作、学习等的情况,包括参与的工作、参观指导、完成的工作或学习等,说明其性质、重要意义和作用,然后指出所取得的成绩、双方的收获,表达对双方友好合作的珍惜和重视之意,以及对人员离去后必将获得更好发展前景的展望。

结语部分一般要表达美好的祝愿、祝福,如"祝××旅途愉快""再一次向××表示诚挚的感谢"等。也可在结语部分向全体与会者表示感谢等。

欢送词如果公开发表,结尾部分需署名,即致辞人的姓名和职务,以及日期。署名也可置于标题下,则落款处可不呈现。

三、范例分析

家国与世界:大时代中成就非凡小我

——在2022届毕业生欢送会上的致辞

××大学××学院院长 ×××

亲爱的同学们,尊敬的各位家长、老师:

大家好!

夏雨沥沥,倾诉离别;夏阳灿烂,言说恩谢。艳阳高照是我们常常期盼的明媚天境,是我们念念期许的美好心境,让人用满心的欢喜稀释告别的不舍,用满腔的热忱迎接未来的挑战。(略)今天,我们以诗为线,以乐为轴,谱写壮行的骊歌,描绘征程的画卷,为所有毕业生们送上最热烈的祝贺与祝福,对所有师长们表示最衷心的感谢与感恩。

同学们,征途在脚下,未来在眼前。奔赴前程之时、踏上社会之际,你们应该清醒地追问:你们将在什么样的世界拼搏?你们将在什么样的时代奋斗?这关系你们的未来、关系国家的未来、关系世界的未来。(略)

立身需要的是定力、是智慧。(略)"天行健,君子以自强不息;地势坤,君子以厚德载物。"你们应以"锲而不舍,金石可镂"的精神在日新月异中保持定力,以"我自岿然不动"的气概在纷变世界中坚守初心,力争做好三件事:学习、修德、为善。(略)

立世需要的是动力、是抱负。(略)

立功需要的是毅力、是行动。(略)

同学们,未来的道路满怀期许,未来的人生注定不凡。(略)请在生命的一次次历练中,沉淀最好的自己;请在人生的一次次拼搏中,成就最强的家国;请在青春的一次次奋斗中,锻造最美的世界。

(略)最后,祝愿你们,岁月无恙,只言温暖,不予悲伤;更愿你们,前程无限,清澈的爱,只为中国。

祝福各位家长和老师身体健康、生活幸福、万事顺遂!

2022 年 6 月 23 日(发布)

评析:这篇欢送词表达了对毕业生的惜别之情,回顾了师生之间的深情厚谊,对毕业生即将奔赴的未来学习和生活提出了殷切的期望,激励毕业生坚定信念、努力奋斗,表达了依依不舍的情感和美好的祝愿。全文文辞优美,情真意切,语句铿锵,起到了鼓舞和振奋人心的作用。

第四节　答谢词

一、答谢词的含义

答谢词是在专门的仪式、宴会或招待会上,宾客对主人的盛情接待表示感谢时所使用的一种礼仪文书。答谢词是组织或单位领导以个人的名义致辞,但代表的是本组织或单位,对另外一个组织或单位致谢。其具有礼貌尊敬、真挚热情的特点。

二、答谢词的写作格式

(一)标题

答谢词的标题通常有三种形式:一是直接由文种构成,只写《答谢词》即可;二是由"致辞人+致辞场合+文种"的形式构成,如《××在××会上的答谢词》;三是由"致辞场合+文种"构成,如《××会答谢词》。

(二)称谓

答谢词的称谓通常是对出席答谢会的团体和个人的称呼,用尊称称呼答谢的对象。根据到会者的身份,可用泛称,如"女士们、先生们""同志们""朋友们",也可先称呼具体的个人,再称呼群体,如"尊敬的××主席、朋友们""尊敬的××、女士们、先生们"等。

(三)正文

答谢词一般由开头、主体和结语三部分组成。

开头对主方的盛情款待或帮助表示感谢,表达能够出席盛会的荣幸和激动之情。

主体部分介绍对方的周到服务,肯定双方共同取得的成果,赞美主方为此做出的努力,并表达希望与之进一步发展友好关系的强烈愿望,或者展望未来,表达扩大合作的意愿。

结语再次用简短的语言表示对主人盛情接待的感谢,表达美好的祝愿。

(四)落款

作为书面材料的答谢词需要署上致辞单位的名称,或者致辞者的职务和姓名,并署上成文日期。署名也可置于标题下,则落款处可不呈现。

三、范例分析

传承经典,爱上阅读

——首届"青春悦读沙龙"年度盛典答谢词

×××

各位领导、嘉宾,老师们,同学们:

大家上午好!感谢各位来参加首届《初中生》"青春悦读沙龙"年度盛典。

人间最美四月天。4月也是一个与阅读结缘的月份。4月23日是世界读书日,这个节日设立于1995年,已走过20多年历程。4月也是我国的全民读书月。习近平总书记在党的十九大报告中指出:"加快建设学习型社会,大力提高国民素质。"倡导全民阅读,建设书香社会,是这个伟大时代的要求。(略)

自2017年起,《初中生》杂志重磅推出"青春悦读沙龙"栏目,主导"悦读",以纸刊、网络联动,线上、线下互动阅读的方式,多角度、多方位、多维度并联,开放自由,轻松活泼,以融媒新生态模式呈现在读者面前。本次盛典,我们就采用了网络直播、纸媒呈现、音视频展现等方式同时放送。这项活动从2017年至今,已在全省各地及网络举办16场线上、线下大型活动,受到学校、家长和青少年朋友的广泛欢迎。(略)

有研究显示,阅读素养是一个人成功的核心技能。多年来,《初中生》杂志致力于初中学生的阅读素养和写作能力的培育与开发,(略)。未来,我们将继续不遗余力、创新性地推动青少年阅读,构建融媒时代阅读新模式,让同学们真正爱上阅读,享受"悦读"!希望更多的单位参与到我们举办的活动中来,共同打造为青少年阅读和写作服务的公益平台!

老师们、同学们,让我们一起学习经典,传承经典,让我们爱上阅读,用阅读点亮生命之光!谢谢大家!

2018年4月11日

评析:这篇答谢词为主办方答谢参与活动的嘉宾,先是表达了真诚的谢意;然后叙述了举办活动的背景和重要意义,活动的内容和特点,已经取得的成绩;最后对参与者再次表达了深深的谢意,发出积极参与活动的号召。这篇答谢词感情真挚,富有文采,感染力强。

四、答谢词的写作注意事项

1. 答谢词要情感真挚、坦诚、热烈,不要虚情假意、言不由衷或矫揉造作,否则只能引起对方的反感。

2. 答谢词的措辞要得体、大方,讲究分寸。在有些场合下,如涉及国与国之间的关系时,必须表达自己的原则立场,措辞要严谨,也要委婉、友好。

3. 答谢词的篇幅要简短,语言要精练,内容要高度概括,不要涉及具体的事务性内容,宜言简意赅。

第五节　祝词

一、祝词的含义

祝词是在各种喜庆的场合中对特定对象表示良好祝愿的言辞。凡是带有祝贺性质的书信、演讲词和文章都可以称为祝词。一般在庆祝重大成绩、重要会议、喜庆节日、会议开幕、工程开工,以及迎送宴会、婚嫁乔迁、升学参军、房屋落成等各种喜事中使用。

二、祝词的类型

根据不同的祝颂对象,可以分为会议祝词、节庆祝词、典礼祝词、奠基仪式祝词、祝酒词、祝寿词等。祝词和贺词在很多场合是互用的,二者之间的差别是,祝词一般是对象的事项未果,表示祝贺、希望;贺词一般是针对已经圆满完成的事项、已经取得的成绩表示庆贺、道喜。

三、祝词的写作格式

(一)标题

书面形式的祝词,标题可以由"致辞人+事由+文种"构成,如《××在××会上的祝词》;或者采用"事由+文种"的形式,如《春节祝词》;也可以只呈现文种,如《祝词》《祝酒词》等;还可采用文章式的双行标题,正题揭示性质和特点,副题说明事由和文种,如《继往开来　与时俱进——在共青团第××次代表大会上的祝词》。

(二)称谓

祝词的称谓应显示热情友好,可在姓名前加上表示尊敬、亲切的敬语,如"尊敬的××先生""各位来宾""同志们""朋友们""女士们、先生们"等。

(三)正文

祝词的开头要写明祝贺的缘由和祝贺语,首先表明自己的身份,然后是对与会者的问候和欢迎,并交代背景。对不同的对象、场合,应选用不同的祝贺语,如"向大会表示热烈的祝贺""向××致以节日的祝贺""向××先生获得××表示衷心的祝贺"等。

祝词的主体要写明祝贺的内容,概括祝颂对象所取得的成就、发展和变化等,祝贺即将进行的事项取得重要成就等。并且放眼全局、展望未来,联系当前的任务和使命,表达进一步发展和取得成绩的希望、决心和信心。

祝词的结尾写祝愿的话语,如"预祝大会圆满成功""祝节日愉快""祝身体健康长寿"等。

（四）落款

书面形式的祝词落款部分写致辞人的身份（职务）、姓名和致辞的日期。如果致辞人的姓名在标题中已标明,在这里可以省略。

四、范例分析

在中国戏剧家协会第八次全国代表大会开幕式上的祝词

董伟

（略）尊敬的各位代表、顾问,同志们,朋友们:

今天,中国戏剧家协会第八次全国代表大会隆重召开,来自全国各地的戏剧界代表欢聚一堂,共商我国戏剧事业发展大计,共庆我国戏剧事业取得的辉煌成就。在此,我谨代表文化部向大会表示热烈祝贺! 向各位代表及全国广大戏剧工作者致以崇高的敬意和诚挚的问候!

中国是世界闻名的戏剧艺术大国,戏曲艺术作为中华传统文化的重要组成部分,以独特的演剧体系在世界剧坛上独树一帜,有着重要而深远的影响。（略）

中国戏剧家协会是党和政府联系戏剧界的桥梁和纽带,自第七次全国代表大会以来,紧紧围绕党和政府的工作大局,充分调动和发挥广大戏剧工作者的积极性、创造性,同心同德、继承传统,砥砺奋进、开拓创新,推动创作了一大批思想性、艺术性、观赏性俱佳的优秀戏剧作品;（略）

当前,我国戏剧事业正处于历史上最好的发展时期,伴随着实现中华民族伟大复兴中国梦的历史进程,必将迎来戏剧事业更加辉煌的未来。（略）让我们携起手来,为戏剧事业的繁荣发展增光添彩,为建设社会主义文化强国作出新的更大贡献!

预祝中国戏剧家协会第八次全国代表大会取得圆满成功! 谢谢大家!

2015 年 7 月 14 日

评析:这篇祝词首先向会议的召开表示祝贺,阐述了会议的重要意义和深远影响,回顾了我国戏剧艺术所取得的辉煌成就,分析了当前的发展形势,展望了未来广阔的发展前景,表达了对会议成功召开的美好的祝愿。这篇祝词主题鲜明,情感真挚诚恳,言简意明。

第六节　演讲稿

一、演讲稿的含义

演讲稿也叫演讲词或演说稿,是演讲者在某些公众场合或集会上就某一问题发表自己的主张和见解,表达自己的情感或阐述某种道理的讲话文稿。它是演讲的书面依据,富有经验的演讲者可以根据实际情况临场应变,随时纠正、补充演讲内容,还可以借助神情、手势等加强演讲效果。

二、演讲稿的特点

(一)针对性

演讲是用于公众场合的宣传形式和社会活动,所讲内容必须结合现实,是听众所关注的事情,评论和论辩要有雄辩的逻辑力量。另外也要针对不同接受层次的听众设计讲演内容,使听众乐于接受,这样才能达到演讲应有的效果。

(二)可讲性

演讲的本质在于"讲",以"演"为辅,拟稿时应该以易说能讲为前提,要求表述要适合口头表达,语言表达要生动、形象,对听众来说要好听易懂。

(三)鼓动性

演讲的目的是激发听众的情绪,思想内容应丰富、深刻,见解精辟,发人深省,语言应富有感染力,晓之以理、动之以情,以达到演讲的目的,引起听众的强烈共鸣。

三、演讲稿的类型

(一)政治演讲类

政治演讲类演讲稿是指政治家或代表某一权力机构的负责人阐述政治主张和见解的演讲稿,包括各级领导的施政演讲、新任职负责人的就职演讲、政治家的竞选演讲等。

(二)学术交流类

学术交流类演讲稿是指传播、交流科学知识、学术见解和研究成果的演讲稿,各类专业科学技术工作者在参加学术活动时做的学术演讲或学术报告即为此类。

(三)思想教育类

思想教育类演讲稿是指表达现实中的思想动态、思想倾向和思想问题的演讲稿。此类演讲稿以真切的事实、有力的论证、饱满的激情来讴歌真善美,引导听众树立正确的人生观、世界观,激励听众为崇高的理想而奋斗。

四、演讲稿的写作格式

(一)标题

演讲稿的标题可以采用公文式的"会议或活动的性质+演讲内容+文种"的形式,如《庆祝新中国成立××周年演讲词》;也可以采用文章式标题,更加富有文采,按照演讲的主题、内容或目的拟写,如《科学的春天》。

(二)称谓

演讲稿的称谓应根据听众的身份,可以称呼为"同志们、朋友们""亲爱的各位来宾""尊敬的各位领导、同志们"等,紧接着是问候语。

(三)正文

演讲稿的开头也叫开场白,应该用简洁的语言,把听众的注意力和兴奋点吸引过来、调动起来。开头一般要开门见山地把全文的中心论点、主题、演讲的意图提出来。可以采取多种形式开头,如悬念式、提问式、名言警句式、对比式等。

演讲稿的主体要突出和强调演讲的中心话题,要有严密的逻辑层次和清晰的段落分布。可以采用叙述的形式,向听众陈述自己的思想、经历、事迹,转述自己看到的、听到的事迹,夹以议论或抒情。还可以采用议论的形式,摆事实、讲道理,既有事实材料,又有逻辑推断,立场坚定,旗帜鲜明;或者采用说明的形式,通过解说某个道理或问题来树立观点,说明事理。内容要充实具体,节奏要张弛有度,衔接要自然得体。

演讲稿的结尾应总结全文,对全文要点进行简明扼要的概括,或者以号召性、鼓动性的话语催人奋进;或采用启发式,提出问题,给人以启示和思考的余地;或以诗词名言做结尾,典雅有韵味;也可以采用展望美好前景的语言鼓舞人心。

(四)落款

书面形式的演讲稿落款部分应写明演讲者的身份(职务)、姓名和演讲的日期。署名也可写在标题下。

五、范例分析

转型发展,"气"壮山河

——"我为转型发展做贡献"主题演讲决赛演讲稿

×××

大家好,我是来自××集团的×××,今天我演讲的题目是《转型发展,"气"壮山河》。

作为土生土长的山西人,很小的时候我就知道,山西有着丰富的自然资源,特别作为煤炭大省,它的煤曾经点亮过全国一半的灯,为共和国建设作出了重大贡献。

大学毕业后,我入职××集团,成了企业里一名新闻工作者。煤矿走得多了,看得多了,渐渐明白,为什么说山西兴于煤,又困于煤。资源型经济转型,成为我们今天面对的一道必答题,也是党和国家赋予山西的使命任务。(略)

就拿××来说,近年来,我们不再是躺在丰厚的煤炭资源上吃老本儿,而是聚焦转型发展,大力开发利用煤层气资源。(略)今天的故事我想从它说起。镜头里的这个小伙叫×××,是我在大山沟沟里采访过的一个普通90后,大学毕业后就一头扎进了吕梁的大山里,做起了煤层气勘查工作。(略)

×××、×××,他们都是践行转型发展的基层一线普通一员。从昔日的煤矿兄弟连变身今天的转型生力军!别人眼中的荒山头成为他们实现梦想的新高地!(略)

今天站在舞台上,我想告诉大家,此时此刻,数万名晋煤燃气人,正在全国最大的煤成气抽采井群,正在全国最大的瓦斯发电集群,正在全国唯一的煤与煤层气共采国家重点实验室各条战线夜以继日地奋斗着,(略)他们正以实际行动书写着山西转型发展的时代答卷。

牢记总书记嘱托,今日之山西,聚焦"六新"求突破,转型发展势头强,奋斗筑梦的路上,我们的故事还有很多,或许他们普通平凡,却让我真切感受到山西时不我待抓转型,气壮山河促发展的豪迈气魄。我们将一道并肩作战、乘势而上,共同谱写转型新篇章,拥抱伟大新时代!

2021 年 7 月 13 日

评析:这是一篇思想教育类演讲稿。演讲者立足于特定的时代背景,宣传现实工作和生活中的新人、新事、新思想,准确把握时代脉搏,引导社会新风尚,宣传新思想。文章开头点明演讲的背景和主旨;接下来用翔实的材料阐释自己的观点;结尾进一步深化主题,并发出号召。这篇演讲稿逻辑严谨、思路清晰、语言生动,起到了鼓舞人心、催人奋进的作用。

第七节　贺信(电)

一、贺信(电)的含义

贺信(电)是机关、团体、企事业单位或个人向取得重大成绩、做出卓越贡献的有关单位或人员表示祝贺的礼仪书信。贺信(电)是表彰、赞扬、庆贺对方在某个方面所作贡献的常用文书,兼具慰问的功能。

二、贺信(电)的类型

贺信(电)按照不同的性质,可以分为单位发出和个人发出两种;按照行文方向,可以分为上级单位给下级单位发出、下级单位给上级单位发出、平级单位之间互发、国家之间互发的贺信(电)等。从具体内容上可以分为以下几种:

(一)工作贺信(电):祝贺工作上取得突出成绩、圆满完成某项重大任务、重要工程的开工竣工、科研项目的完成、新单位开业等。

(二)会议贺信(电):祝贺重要的会议召开或胜利闭幕。

(三)节日贺信(电):祝贺重要的节日、纪念日等。

(四)日常贺信(电):一般是亲朋好友在日常生活中互相发出的贺婚、贺寿、贺升学等。

三、贺信(电)的写作格式

(一)标题

贺信(电)的标题可以直接写文种,《贺信》或《贺电》,张贴时用整开大红纸书写,标题居中;也可以写成"××单位致××单位的贺信(电)";或者是以"祝贺的事由+贺信或贺电"的形式,如《庆祝××学校建校十周年贺信》。

(二)称谓

写明对受贺单位或个人的称呼。如果是机关单位,应写明其全称;如果是个人,则写上姓名,并加上"先生""女士""同志""老师"等称呼;前面也可加上敬语,如"尊敬的""敬爱的"

等。称谓之后用冒号。

(三)正文

贺信(电)的正文应由开头、主体、结尾三部分组成。

开头部分首先概括说明对方取得成绩的缘由和背景,或重要会议召开的历史条件,向对方表示热烈的祝贺。

主体部分需简要说明对方所取得的成绩,并概括分析取得成绩的主客观原因。不同类型的贺信(电),其主体内容稍有不同。会议、仪式或活动的贺信(电),着重概括阐明会议、仪式或活动举行的重大意义。荣誉和成果的贺信(电),主要赞扬对方所取得的成就,并予以高度评价。祝寿贺信(电)则通过充分肯定对方的功绩、贡献,高度评价对方的可贵品质。

贺信(电)结尾部分可以写表示热情的鼓励、良好的祝愿的句子;或提出希望,表达祝贺者的决心和信心等;或预祝会议、活动圆满成功;或勉励对方再接再厉,取得更大成绩;也可用一般书信的惯用语"此致敬礼"。

(四)落款

落款应写明发信单位的名称或个人姓名,然后标明日期。

四、范例分析

国家航天局致信祝贺哈尔滨工业大学建校 100 周年

哈尔滨工业大学:

斗转星移,百年工大;矢志不渝,百年辉煌。值贵校世纪华诞,向全体师生员工、各届校友和海内外关心关切、志贺志礼嘉宾,致以热烈祝贺和崇高敬意!

始于内忧外患,起于一穷二白,强于国运兴盛。弦歌不辍,芬芳传世;八百壮士,薪火相传;崇论大道、勇毅前行;披荆斩棘、百折不挠;历经沧桑、坚如磐石;科学传统、源远流长。积淀成就"铭记责任、求真务实、海纳百川、自强不息"的哈工大精神,立德树人,功绩存史。

与祖国同行,与时代共振,与梦想齐飞。精益求精,惟严是从;铁杵磨针,功夫愈深;灼灼其华,桃李天下。惟精惟勤、格致极致,赓续精神,秉承校训,"规格严格,功夫到家",立足航天、服务国防,不辱使命、不负重托,航天摇篮、英才辈出,一代代工大人微光成炬、聚沙成塔,青蓝相继、春华秋实。

(略)

谨望寄语:凡是过往,皆为序章。不忘初心、继往开来,贯穿"学校发展建设与实现'两个一百年'奋斗目标紧密结合、与中华民族伟大复兴的中国梦紧密结合,为党育人、为国育才"宗旨,建设"中国特色、世界一流、哈工大规格"百年强校!

贺信纸短,家国情长。特赋辞一篇,祝百年校庆圆满成功! 祝百尺竿头更进一步!

(略)

国家航天局
2020 年 6 月 3 日

评析：这封贺信开头首先概括致贺的背景，对致贺对象表示热烈的祝贺和诚挚的问候，主体部分概括该单位所取得的成绩和社会影响等。结尾提出寄望和美好的祝愿。全文层次清晰，逻辑严密，语句凝练铿锵，堪称典范。

第八节　感谢信

一、感谢信的含义

感谢信是对有关单位、团体或个人的关心、支持、帮助表示谢意的礼仪文书。感谢信有感谢和表扬的意味，在公务活动和个人日常生活中使用较为广泛。事迹突出、影响较大的感谢信可以送交报刊、电台等媒体播发。

二、感谢信的写作格式

（一）标题

感谢信的标题可直接使用文种《感谢信》；也可以由"受文对象+文种"构成，如《致××的感谢信》。

（二）称谓

感谢信首行顶格写明被感谢的单位名称或个人姓名，如果是个人姓名，后面可加上职务、职称或其他称呼，如"先生（女士）"等。

（三）正文

感谢信的正文首先应写出感谢对方的缘由，陈述事实，交代人物、时间、地点、事迹、过程、结果等基本情况。然后做出评价和赞扬，表达谢意和向对方学习的态度与决心。

结语一般用"此致敬礼"或"再次表示诚挚的感谢"之类的敬语，也可自然结束。

（四）落款

感谢信的落款应写明感谢者的单位名称或个人姓名，以及成文日期。

三、范例分析

北京市委市政府致全市人民的感谢信

亲爱的市民朋友们：

礼赞祖国，逐梦前行。在中华人民共和国成立70周年庆祝活动取得圆满成功之际，中共北京市委、北京市人民政府向全市人民表示衷心的感谢，致以崇高的敬意，送去节日的问候和祝福！

共和国的生日，就是人民的生日。隆重庆祝新中国成立70周年，是党和国家政治生活中的一件大事，振奋人心、举世瞩目。做好筹备和服务保障工作，是党中央交给北京市的重大政治任务，也是北京市应尽的首都职责。全市各级各部门勇于担当、全力以赴、连续奋战，交出了优异答卷。（略）

此刻,我们不会忘记,直接参与群众游行、联欢、游园活动和阅兵服务保障的首都市民,不辞劳苦,全心投入,留下了忙碌的身影,洒下了辛勤的汗水;(略)……点滴之间,饱含着首都市民对祖国的浓浓深情,我们为可亲可敬可爱的首都市民点赞!

凡是过往,皆为序章。首都更加美好的明天需要你,需要我,需要我们大家共同奋斗。我们要认真学习贯彻习近平总书记在庆祝大会上的重要讲话精神,高举团结的旗帜,凝聚向上奋斗的动力,始终坚持以人民为中心的发展思想,不忘初心、牢记使命,把全市人民的爱党爱国之情转化为推动首都建设发展的强大动力,不断满足人民对美好生活的向往,努力建设国际一流的和谐宜居之都,奋力谱写实现"两个一百年"奋斗目标和中华民族伟大复兴中国梦的北京篇章!

再一次感谢全体市民!向你们致敬!

中共北京市委 北京市人民政府

2019 年 10 月 2 日

评析:这封感谢信是市委、市政府致送全体市民,感谢其在国庆 70 周年活动中所作的贡献;以简洁的笔触将相关事件信息交代清楚,对广大市民的奉献精神和良好品质进行了颂扬,又从国家政策的高度鼓励广大市民继续努力奋斗;文字精练、感情真挚、振奋人心。

第九节 慰问信

一、慰问信的含义

慰问信是机关、团体、企事业单位向有关组织或个人,表示慰问、安慰、勉励和致意的一种礼仪文书。慰问信能够体现组织的关怀、温暖,社会的爱心与支持,亲人、朋友之间的深厚情谊,给人以奋进的勇气、信心和力量。

二、慰问信的类型

(一)慰问先进

慰问先进是指对承担艰巨任务、作出巨大贡献甚至牺牲、取得突出成绩的先进集体或个人进行慰问。

(二)慰问受难者

慰问受难者是指对由于某种原因而遇到困难或蒙受巨大损失的集体或个人,表示同情和安慰,鼓励他们努力克服暂时的困难,以期尽早改变现状。

(三)节日慰问

节日慰问是指上级对下级、机关单位对群众进行的节日问候,对节日期间坚守工作岗位的职工、离退休干部、军人等进行的慰问。

三、慰问信的写作格式

（一）标题

慰问信一般直接以文种为标题，即《慰问信》；还可以"受文对象＋文种"的形式拟题，如《致××的慰问信》；亦可加上发信单位名称，如《××致××的慰问信》。

（二）称谓

标题下顶格书写称谓，即致信单位名称或个人姓名，前面可加"尊敬的""敬爱的"等敬语，姓名后可加"同志""先生""女士"等称呼。

（三）正文

首先，简要讲述慰问的原因、背景；其次，全面具体地叙述事实，赞扬所取得的成绩、作出的贡献、优秀的品质、社会影响力等，或安慰对方遭遇的不幸，遭到了暂时的困难与挫折，或是对因公负伤或因公殉职的本人或亲属表示慰问，或是针对特定节日表示慰问等；最后，结合形势提出希望与要求，或表示共同努力渡过难关的愿望和决心。

慰问信的结尾是祝颂语，写慰问、勉励或祝愿用语。

（四）落款

慰问信的落款应写明发信的单位名称或个人姓名，以及发信的日期。

四、范例分析

致全市劳模的慰问信

全市广大劳模和先进工作者：

在××年五一国际劳动节即将来临之际，市总工会谨向全市各地、各行业的劳动模范、"先进工作者""五一劳动奖章"获得者，致以节日的问候和崇高的敬意！

劳动模范是劳动群众的杰出代表。长期以来，我市广大劳动模范在市委、市政府的坚强领导下，始终站在时代前列，以高度的政治觉悟和顽强的奋斗精神，积极投身"三市"建设的伟大实践，充分发挥示范引领作用，为全市经济社会发展作出了突出贡献，以实际行动和丰硕成果诠释了人民伟大、劳动神圣的真正意义。你们不愧为时代的精英、人民的楷模。你们的崇高精神和光辉业绩，国家不会忘记、人民不会忘记。

劳模精神是宝贵的财富，代表的是一个时代的人生观、价值观和道德观，彰显的是中华民族顽强拼搏、自强不息的精神风貌，是新时期激励全市人民团结奋斗、勇往直前的强大正能量。社会各界要宣传劳模事迹、弘扬劳模精神，用劳模的高尚情操感召人民群众，用劳模的优秀品质引领社会风尚，用劳模的精神品质助推××发展，在全社会进一步形成崇尚劳模、学习劳模、争当劳模、关爱劳模的良好氛围。

（略）

你们是艰苦奋斗、无私奉献的模范，是勇于实践、锐意创新的模范，是勤奋学习、勇攀高峰的模范，是学法用法、促进和谐的模范，希望你们更好地团结和带动广大职工群众，为××建设作出新的贡献！祝全市广大劳动模范身体健康，工作顺利，阖家幸福，节日快乐！

××市总工会

2015 年 4 月 30 日

评析:这封慰问信简述了劳模和先进工作者的先进事迹及其重要意义,赞美其高贵的精神品质和社会影响力,鼓励他们再接再厉、争取更大的成绩,最后是良好的祝愿。这封慰问信重点突出,语言亲切平实、感情真挚,具有较强的感召力。

第十节　公开信

一、公开信的含义

公开信是机关、单位、团体等组织向人民群众或某一特定范围的人员宣布政策或对某一重大问题阐明观点、原则,并号召大家予以落实的具有广泛宣传性的专用书信。

公开信可以手写、印刷、张贴、刊登或广播。公开信的内容一般涉及比较重大的问题,具有普遍的指导作用、教育作用和宣传作用。

二、公开信的类型

根据公开信的内容和所使用的场所,可以将其划分为以下几种类型:

(一)为重大节日、事件、活动所发的公开信:一般是发给与这些重大节日、事件或活动有关的单位、集体或个人,有问候、表扬、鼓励的作用,如《"五四"青年节致全体青年的公开信》。

(二)针对某一问题的公开信:针对社会上存在的一些问题或新的现象而向有关对象致信。目的是惩恶扬善、弘扬正气,引导人们树立正确的思想,正确看待问题,如《关于贯彻实施新〈安全生产法〉的公开信》。

(三)针对个人某些特殊情况的公开信:这类公开信往往在不知道对方详细地址的情况下,对好人好事表示感谢或对不正之风进行批评;或者社会公众人物对与己相关的情况进行说明或澄清等,以公开信的形式发表在报刊等媒体上。

三、公开信的写作格式

(一)标题

公开信可以直接以文种《公开信》为标题;或者以"发信单位或个人+致信对象+文种"的形式构成,如《××致××的公开信》;还可以采用文章式的主副标题形式,主标题概括主题或性质、特点,副标题写明致信对象和文种,如《逐梦青春 就业远航——××致××届高校毕业生的公开信》。

(二)称谓

公开信由于致信对象有集体或个人,称谓可针对某个机关单位或特定群体写集体称呼,也可写个人姓名。在称呼之前可根据不同的身份特点加上"尊敬的""敬爱的"等敬语。

(三)正文

公开信的正文部分首先要说明发信的原因,一般是针对某一具体问题展开概述;如果是针对某一事件,则需要说明事件发生的时间、地点、人物、原因、过程、结果等要素;如果是针对某一现象,则需要指明其表现、缘由、影响、结果等。

公开信的主体部分可以阐述发信者对这一问题的态度,提倡、赞扬或是批评、反对;或者提出某种看法和主张,以及对该问题进行分析、阐述重要意义等;最后提出希望或解决问题的意见、建议。

结尾可以写表示敬意或祝愿的话,如"此致敬礼""祝平安幸福"等。

(四)落款

公开信的落款应在右下方写明发信单位名称或个人姓名,以及发信日期。

四、范例分析

致全市科技工作者的公开信

全市广大科技工作者:

值此第七个"全国科技工作者日"来临之际,我们谨代表中共××市委、××市人民政府,向全市广大科技工作者,致以诚挚的问候!向你们长期以来为推动全市科技事业发展付出的辛勤努力,表示衷心的感谢!

创新是引领发展的第一动力。近年来,全市上下认真学习贯彻习近平总书记关于科技创新的重要论述,深入实施创新驱动发展战略,××成功入选"科创中国"试点城市、全国科技进步先进市。广大科技工作者以强烈的主人翁意识,积极投身科技创新和经济建设主战场,在创新型城市建设中打头阵,在新旧动能转换中闯新路,在科技助力乡村振兴中勇担当,是人才强市、科教兴市和创新驱动的主力军,为××经济社会高质量发展作出了重要贡献。

时代呼唤创新,科技正当其时。党的二十大报告提出,坚持创新在我国现代化建设全局中的核心地位,加快实现高水平科技自立自强,加快建设科技强国。(略)希望全市广大科技工作者着眼全局、勇担重任,争做科技创新的先行者、科技成果的转化者、科学精神的传播者,释放创新智慧能量,燃烧创造发明激情,让更多科技创新成果造福社会、造福人民,为××高质量发展贡献更多的智慧和力量。

市委、市政府将一如既往地大力支持科技创新事业,持续营造尊重人才、尊重知识、尊重创造的浓厚氛围,真正把"第一资源"转化为"第一动力",让大家在这片创新沃土上成长成才、施展抱负、收获成功、实现梦想。

衷心祝愿广大科技工作者节日愉快,阖家幸福,万事如意!

中共××市委书记 ××
××市人民政府市长 ×××
2023 年 5 月 29 日

评析:这封公开信在特定的节日专门发给有关人员,具有较强的宣传和教育作用。文章首先说明了致信的背景,表明态度,接着阐述了相关事项的性质和重要的意义,说明当前的形势和对未来发展的期许,最后致以美好的祝愿。这封公开信语句简洁,诚恳真挚,富有亲和力,能够促进人们积极参与,从而推动工作,形成良好的社会风气。

第十一节 证明信

一、证明信的含义

证明信是机关单位或个人用来证明身份、经历或某事件的真实情况时所写的文书。证明信一般具有凭证和书信的双重特点，主要作用就是证明持有者的身份、经历等，其写作方法与书信基本一致，采用书信体。

二、证明信的类型

证明信按照内容划分，可分为证明身份、证明工作经历或证明事件的证明信。

证明信按照呈现的形式划分，可以分为公文式、书信式、便条式的证明信。

证明信按照开具证明信的不同主体划分，可以分为单位开具的证明信和个人开具的证明信。以单位名义发出的证明信，多用于证明身份、经历、职务、组织关系等情况。随身携带的证明信具有证件的作用，由组织签发、个人随身携带，以备执行任务的时候证明身份或获得有关部门的协助。个人书写的证明信内容则较为多样，如澄清事实真相、说明某种关系等。

三、证明信的写作格式

（一）标题

证明信的标题一般直接写《证明》两个字，或者写"事由+文种"，如《有关××问题的证明》。

（二）称谓

证明信的称谓应在标题下另起一行，顶格写上接受证明信的单位名称，后加冒号。

（三）正文

证明信的正文应写出被证明的事项或情况，要写出具体的事实，并说明所证事项的来源和依据。

（四）结尾

证明信的结尾一般以"特此证明"结束。

（五）落款

证明信的落款应署上单位名称或个人的姓名，并写上成文日期，机关单位出具的证明信需要加盖公章。

四、范例分析

证明信

××中学党支部：

　　××年×月×日来信收悉，根据信中要求，现将你校××同学的父亲，××同志的情况介绍如下：

　　××同志，现年××岁，中共党员，是我院计算机系副教授，其本人和家庭历史及社会关系均清楚。该同志对教学工作认真负责,近年来多次被评为市模范教师。

特此证明。

××学院人事处(章)

××年×月×日

评析:这封证明信内容简要,开头首先说明证明信写作的缘由和目的,接着对所需证明的事项做了陈述,以证明其真实性。语句精练准确,条理清楚,是典型的证明信写作结构。

五、证明信的写作注意事项

1. 以个人名义发出的证明信,要写明证明人的政治面貌、工作情况等基本信息,从而使审阅证明信的单位或人员能够鉴别真伪,提高可信度。

2. 由于证明信多数情况下是作为证据的,因此所写内容应实事求是,言之有据。对于随身携带的证明信,一般应在结尾处注明有效时间,并写上过期无效的提示。

第十二节　倡议书

一、倡议书的含义

倡议书是以集体、组织或个人联合的名义,为开展或推动某项活动或事业,向社会或有关方面公开提出带有号召性建议的一种文书,具有现实性和鼓动性。倡议书可以采用传单形式传播,也可采用张贴、广播、登载等形式传播。

二、倡议书的写作格式

(一)标题

倡议书可以直接以文种《倡议书》作为标题;可以"倡议内容+文种"的形式,如《树立师德风范 培育"四有"新人倡议书》;或者以"致送对象+文种"的形式,如《致××的倡议书》;也可以"发出机关+事由+文种"作为标题,如《教育部 中国文字改革委员会等十五单位关于大家都来说普通话的倡议书》;还可以采用文章式的标题,用主副标题突出所倡议事项的性质、特点,用富有文采的语句渲染氛围,如《"聆听花开的声音"——关爱留守儿童倡议书》。

(二)称谓

倡议书的称谓是受倡议对象,如"青少年朋友们""尊敬的市民朋友们"等。面向所有人的倡议书也可不用称谓。

(三)正文

倡议书的开头部分要写明发出倡议的背景、原因、意义,以及发出倡议的目的。

倡议书的主体部分写倡议的具体内容和事项要求。可以采用分条的形式列出倡议事项的内容,如何开展,提出观点和实施的办法、要求,指明重要价值和意义,要求条理清楚、层次分明。

倡议书的结尾应表明倡议者的决心、希望或建议。

（四）落款

倡议书的落款应写明倡议单位、集体的名称或个人姓名，署上发出倡议的日期。

四、范例分析

××市创建文明城市倡议书

广大市民朋友们：

同住一座城，共爱一个家。文明城市创建，既是推动××高质量发展的重要路径，也是改善市民生活质量，造福××人民、惠及千家万户的好事，更是建设高品质生活、更美好城市的重大举措。（略）在此，我们向广大市民朋友倡议：

一、自觉行动，争当创建文明城市的参与者。创建文明城市需要全社会的共同努力，更离不开广大市民的参与支持。我们每个人都有责任、有义务，从自身做起，从小事做起，规范举止言行，摒弃陋习，崇尚文明，做一名合格的文明市民；要知晓创城，关心创城，宣传创城，积极建言献策，热心参与社会公益事业，争做文明创建的参与者和传播者，为城市文明建设增光添彩，为创建文明城市出力流汗。

二、身体力行，争当创建文明城市的践行者。（略）

三、热心公益，争当创建文明城市的志愿者。（略）

四、齐抓共管，争当创建文明城市的推动者。（略）

积沙成丘，众木成林。你我的每一份努力，都会让城市离文明更近一步；你我的每一份辛劳，都会为城市增光添彩；你我的每一份热情，都会激活更多人的文明意识和责任意识。让我们积极加入创建文明城市的队伍中来，用自己的一言一行、一举一动传承古城气质，擦亮文明底色，为建设现代化品质生活之城贡献一份力量。

××市创建全国文明城市工作指挥部办公室
2023 年 2 月 15 日

评析：这篇倡议书呼吁全体市民参与争创文明城市活动，开头部分写明了创建文明城市的目的、意义；主体部分从四个方面分别提出所倡议事项的内容、要求等；结尾再次强调所倡议事项的重要性，鼓舞广大市民积极参与文明城市创建活动。这篇倡议书富有较强的感染力，能够在倡议对象中引起较为强烈的反响，起到广泛倡议的作用。

第十三节　启事

一、启事的含义

启事属于告启类文书，是机关单位就某一事项向社会公众公开陈述、报道、告知、解说，使其周知、请求协助时所使用的文书。启事内容广泛，形式多样，可以用于招生、招聘、开业、庆典、单位成立等各种事宜。启事面向社会各界告知事项，并希望依此得到社会广泛的回应，以解决相关事务。启事常借助广播、电视、报纸、期刊、互联网等媒介传播,也可采用张贴的形式。

二、启事的类型

(一)寻找类启事

这类启事是为了求得公众的响应和协助,寻找人或物,如寻人启事、寻物启事、招领启事等。

(二)征召类启事

这类启事如招生启事、招考启事、招聘启事、征集启事等,是为了求得公众的配合与协作。

(三)周知类启事

这类启事是为了开展工作和业务,以便让公众知晓,如开业启事、迁址启事、变更启事等。

(四)声明类启事

这类启事是为了完成法律程序,经过公开声明后,对其引起的事端不再承担法律责任,如遗失启事、更正启事等。

三、启事的写作格式

(一)标题

启事的标题通常可以采用"事由+文种"的形式,如《招聘启事》;也可以"发文机关+事由+文种"的形式,如《××公司招聘启事》;还可以只写"事由",如《招聘》《寻人》等。

(二)正文

启事的正文一般要写明缘由、目的,启事的内容、要求,联系单位或联系人姓名、联系方式、电话、地址、邮编等。启事的正文篇幅不长,要求集中写一件事,不要将几件事放在一起写。语言要求简洁明了,准确凝练。

(三)落款

启事的落款应写明发出启事的单位名称或个人姓名、启事的日期。以机关单位名义发出的启事,还应加盖公章。

四、范例分析

例文1:

寻物启事

本人于×月×日乘坐××路公共汽车时,不慎将一黑色公文包遗失,内有身份证、驾驶证和单位业务发票数张。有拾到者请与××机械局××办公室联系,必有重谢。

联系方式:(略)

启事人:×××
××年×月×日

评析:这是一篇寻找类启事,内容简短,首先将遗失物品的时间、地点、原因等说明,其次说明所寻找物品的准确特征、数量等,最后是联系方式和酬谢事宜。

例文2:

××政务网关于招聘通讯员的启事

为了使××政务网内容更加丰富,更好地为社会服务、为群众服务,真正起到连接政府和群众的桥梁作用,网站向全社会招聘通讯员。

1.报名时间:9月15—25日。

2.报名地点:县网络信息中心。

3.报名条件:年龄不限,身体健康,具有良好的思想道德和社会责任感,有较好的文字基础。

4.报名要求:在县网络中心下载并填写表格,准备一寸正面免冠照片2张。

5.通讯员待遇:一经录用,发给通讯员证,凭证可在我县范围内进行信息采访,可在县政务网上发表文章。县政府将建立通讯员档案库,在人才培训、推荐和使用上予以优先。

联系方式:(略)

××县网络信息中心
××年×月×日

评析:这是一篇征召类启事。首先写明了征召的缘由、目的、相关背景。其次写清楚了征召的内容,包括范围、条件、要求等,招聘启事一般要说明录用后的待遇等内容。最后标明联系方式、地址、电话等。这篇启事条理清楚,便于应聘者理解和把握。

第十四节 声明

一、声明的含义

声明是就有关事项或问题向社会表明己方的立场、态度的日常文书。各级各类社会组织或个人都可以发表声明。声明可以在报刊发表,也可以通过广播、电视、互联网平台等予以发布,也可以采用张贴的形式使公众知晓。声明重在表明立场、观点、态度,公布一些决定或计划,也可以就有关问题向某些组织或群体提出警告、发出警示。当组织或个人的权利受到威胁时,可以就保护己方合法权益发出声明。

二、声明的类型

(一)政务类声明

政务类声明是国家机关、社会团体、企事业单位及其领导就政务方面的有关重要问题或重要事件发表的声明,包括宣布立场、观点,抗议,驳斥,澄清事实等。

(二)事务类声明

事务类声明是单位或个人就有关事务方面的问题或事件发表的声明,如遗失声明、作废声明等。

三、声明的写作格式

(一)标题

声明常见的标题格式就是只用文种"声明"二字即可,或在文种"声明"前加上修饰性词语,如《重要声明》《郑重声明》等;另外,也可以使用"事由+文种"的形式,如《遗失声明》;还可以采用"发文机关+事由+文种"的形式,如《××公司关于保障食品市场供应的声明》。

(二)正文

声明的开头部分需要写明发表声明的缘由,声明事项产生的背景。

声明的主体部分应就有关事项或问题表明己方的立场、态度、看法,并进行简要的说明。提出为了制止事件继续发展而采取的办法、措施。要求态度鲜明、是非分明、证据确凿。如果内容较多,可以采用分条列项的形式使其条理清楚。

声明的结尾一般以"特此声明"作为结语。

(三)落款

声明的落款即在正文之后署上声明的单位名称,个人发表的声明需署上个人姓名,然后在署名下方标注成文日期。

如果有必要标明联系地址、电话、邮政编码等信息,可以在落款之后附注清楚。

四、范例分析

关于警惕假冒普通话水平测试报名网站误导报名的声明

近日,网上出现部分假冒普通话水平测试报名网站以"教育部官网通知"名义,误导广大考生报名,侵害其报名参加普通话水平测试的合法权益。

现郑重声明:普通话水平测试在线报名官方网站为全国普通话培训测试信息资源网,网址为(略)。

请广大群众提高警惕、仔细甄别,谨防上当受骗。对于假冒网站扰乱普通话水平测试正常秩序的不法行为,我司将依法严厉追究其法律责任。

特此声明。

教育部语言文字应用管理司
2022 年 4 月 13 日

评析:这篇声明针对社会上的虚假测试广告,说明其违规之处及不良影响,申明参加正规测试的途径和需要注意的事项。这篇声明结构严谨、条理清楚,措辞严谨、规范,切实起到了表明立场、说明问题、纠正错误、引起社会关注的作用。

附录

党政机关公文处理工作条例

（中共中央办公厅、国务院办公厅 2012 年 4 月 16 日发布）

（中办发〔2012〕14 号）

第一章 总则

第一条 为了适应中国共产党机关和国家行政机关（以下简称党政机关）工作需要，推进党政机关公文处理工作科学化、制度化、规范化，制定本条例。

第二条 本条例适用于各级党政机关公文处理工作。

第三条 党政机关公文是党政机关实施领导、履行职能、处理公务的具有特定效力和规范体式的文书，是传达贯彻党和国家方针政策，公布法规和规章，指导、布置和商洽工作，请示和答复问题，报告、通报和交流情况等的重要工具。

第四条 公文处理工作是指公文拟制、办理、管理等一系列相互关联、衔接有序的工作。

第五条 公文处理工作应当坚持实事求是、准确规范、精简高效、安全保密的原则。

第六条 各级党政机关应当高度重视公文处理工作，加强组织领导，强化队伍建设，设立文秘部门或者由专人负责公文处理工作。

第七条 各级党政机关办公厅（室）主管本机关的公文处理工作，并对下级机关的公文处理工作进行业务指导和督促检查。

第二章 公文种类

第八条 公文种类主要有：

（一）决议。适用于会议讨论通过的重大决策事项。

（二）决定。适用于对重要事项做出决策和部署、奖惩有关单位和人员、变更或者撤销下级机关不适当的决定事项。

（三）命令（令）。适用于公布行政法规和规章、宣布施行重大强制性措施、批准授予和晋

117

升衔级、嘉奖有关单位和人员。

（四）公报。适用于公布重要决定或者重大事项。

（五）公告。适用于向国内外宣布重要事项或者法定事项。

（六）通告。适用于在一定范围内公布应当遵守或者周知的事项。

（七）意见。适用于对重要问题提出见解和处理办法。

（八）通知。适用于发布、传达要求下级机关执行和有关单位周知或者执行的事项，批转、转发公文。

（九）通报。适用于表彰先进、批评错误、传达重要精神和告知重要情况。

（十）报告。适用于向上级机关汇报工作、反映情况，回复上级机关的询问。

（十一）请示。适用于向上级机关请求指示、批准。

（十二）批复。适用于答复下级机关请示事项。

（十三）议案。适用于各级人民政府按照法律程序向同级人民代表大会或者人民代表大会常务委员会提请审议事项。

（十四）函。适用于不相隶属机关之间商洽工作、询问和答复问题、请求批准和答复审批事项。

（十五）纪要。适用于记载会议主要情况和议定事项。

第三章　公文格式

第九条　公文一般由份号、密级和保密期限、紧急程度、发文机关标志、发文字号、签发人、标题、主送机关、正文、附件说明、发文机关署名、成文日期、印章、附注、附件、抄送机关、印发机关和印发日期、页码等组成。

（一）份号。公文印制份数的顺序号。涉密公文应当标注份号。

（二）密级和保密期限。公文的秘密等级和保密的期限。涉密公文应当根据涉密程度分别标注"绝密""机密""秘密"和保密期限。

（三）紧急程度。公文送达和办理的时限要求。根据紧急程度，紧急公文应当分别标注"特急""加急"，电报应当分别标注"特提""特急""加急""平急"。

（四）发文机关标志。由发文机关全称或者规范化简称加"文件"二字组成，也可以使用发文机关全称或者规范化简称。联合行文时，发文机关标志可以并用联合发文机关名称，也可以单独用主办机关名称。

（五）发文字号。由发文机关代字、年份、发文顺序号组成。联合行文时，使用主办机关的发文字号。

（六）签发人。上行文应当标注签发人姓名。

（七）标题。由发文机关名称、事由和文种组成。

（八）主送机关。公文的主要受理机关，应当使用机关全称、规范化简称或者同类型机关统称。

（九）正文。公文的主体，用来表述公文的内容。

（十）附件说明。公文附件的顺序号和名称。

（十一）发文机关署名。署发文机关全称或者规范化简称。

（十二）成文日期。署会议通过或者发文机关负责人签发的日期。联合行文时，署最后签发机关负责人签发的日期。

（十三）印章。公文中有发文机关署名的,应当加盖发文机关印章,并与署名机关相符。有特定发文机关标志的普发性公文和电报可以不加盖印章。

（十四）附注。公文印发传达范围等需要说明的事项。

（十五）附件。公文正文的说明、补充或者参考资料。

（十六）抄送机关。除主送机关外需要执行或者知晓公文内容的其他机关,应当使用机关全称、规范化简称或者同类型机关统称。

（十七）印发机关和印发日期。公文的送印机关和送印日期。

（十八）页码。公文页数顺序号。

第十条 公文的版式按照《党政机关公文格式》国家标准执行。

第十一条 公文使用的汉字、数字、外文字符、计量单位和标点符号等,按照有关国家标准和规定执行。民族自治地方的公文,可以并用汉字和当地通用的少数民族文字。

第十二条 公文用纸幅面采用国际标准 A4 型。特殊形式的公文用纸幅面,根据实际需要确定。

第四章 行文规则

第十三条 行文应当确有必要,讲求实效,注重针对性和可操作性。

第十四条 行文关系根据隶属关系和职权范围确定。一般不得越级行文,特殊情况需要越级行文的,应当同时抄送被越过的机关。

第十五条 向上级机关行文,应当遵循以下规则:

（一）原则上主送一个上级机关,根据需要同时抄送相关上级机关和同级机关,不抄送下级机关。

（二）党委、政府的部门向上级主管部门请示、报告重大事项,应当经本级党委、政府同意或者授权;属于部门职权范围内的事项应当直接报送上级主管部门。

（三）下级机关的请示事项,如需以本机关名义向上级机关请示,应当提出倾向性意见后上报,不得原文转报上级机关。

（四）请示应当一文一事。不得在报告等非请示性公文中夹带请示事项。

（五）除上级机关负责人直接交办事项外,不得以本机关名义向上级机关负责人报送公文,不得以本机关负责人名义向上级机关报送公文。

（六）受双重领导的机关向一个上级机关行文,必要时抄送另一个上级机关。

第十六条 向下级机关行文,应当遵循以下规则:

（一）主送受理机关,根据需要抄送相关机关。重要行文应当同时抄送发文机关的直接上级机关。

（二）党委、政府的办公厅(室)根据本级党委、政府授权,可以向下级党委、政府行文,其他部门和单位不得向下级党委、政府发布指令性公文或者在公文中向下级党委、政府提出指令性要求。需经政府审批的具体事项,经政府同意后可以由政府职能部门行文,文中须注明已经政府同意。

（三）党委、政府的部门在各自职权范围内可以向下级党委、政府的相关部门行文。

（四）涉及多个部门职权范围内的事务,部门之间未协商一致的,不得向下行文;擅自行文的,上级机关应当责令其纠正或者撤销。

(五)上级机关向受双重领导的下级机关行文,必要时抄送该下级机关的另一个上级机关。

第十七条 同级党政机关、党政机关与其他同级机关必要时可以联合行文。属于党委、政府各自职权范围内的工作,不得联合行文。

党委、政府的部门依据职权可以相互行文。

部门内设机构除办公厅(室)外不得对外正式行文。

第五章 公文拟制

第十八条 公文拟制包括公文的起草、审核、签发等程序。

第十九条 公文起草应当做到:

(一)符合国家法律法规和党的路线方针政策,完整准确体现发文机关意图,并同现行有关公文相衔接。

(二)一切从实际出发,分析问题实事求是,所提政策措施和办法切实可行。

(三)内容简洁,主题突出,观点鲜明,结构严谨,表述准确,文字精练。

(四)文种正确,格式规范。

(五)深入调查研究,充分进行论证,广泛听取意见。

(六)公文涉及其他地区或者部门职权范围内的事项,起草单位必须征求相关地区或者部门意见,力求达成一致。

(七)机关负责人应当主持、指导重要公文起草工作。

第二十条 公文文稿签发前,应当由发文机关办公厅(室)进行审核。审核的重点是:

(一)行文理由是否充分,行文依据是否准确。

(二)内容是否符合国家法律法规和党的路线方针政策;是否完整准确体现发文机关意图;是否同现行有关公文相衔接;所提政策措施和办法是否切实可行。

(三)涉及有关地区或者部门职权范围内的事项是否经过充分协商并达成一致意见。

(四)文种是否正确,格式是否规范;人名、地名、时间、数字、段落顺序、引文等是否准确;文字、数字、计量单位和标点符号等用法是否规范。

(五)其他内容是否符合公文起草的有关要求。

需要发文机关审议的重要公文文稿,审议前由发文机关办公厅(室)进行初核。

第二十一条 经审核不宜发文的公文文稿,应当退回起草单位并说明理由;符合发文条件但内容需作进一步研究和修改的,由起草单位修改后重新报送。

第二十二条 公文应当经本机关负责人审批签发。重要公文和上行文由机关主要负责人签发。党委、政府的办公厅(室)根据党委、政府授权制发的公文,由受权机关主要负责人签发或者按照有关规定签发。签发人签发公文,应当签署意见、姓名和完整日期;圈阅或者签名的,视为同意。联合发文由所有联署机关的负责人会签。

第六章 公文办理

第二十三条 公文办理包括收文办理、发文办理和整理归档。

第二十四条 收文办理主要程序是:

(一)签收。对收到的公文应当逐件清点,核对无误后签字或者盖章,并注明签收时间。

（二）登记。对公文的主要信息和办理情况应当详细记载。

（三）初审。对收到的公文应当进行初审。初审的重点是：是否应当由本机关办理，是否符合行文规则，文种、格式是否符合要求，涉及其他地区或者部门职权范围内的事项是否已经协商、会签，是否符合公文起草的其他要求。经初审不符合规定的公文，应当及时退回来文单位并说明理由。

（四）承办。阅知性公文应当根据公文内容、要求和工作需要确定范围后分送。批办性公文应当提出拟办意见报本机关负责人批示或者转有关部门办理；需要两个以上部门办理的，应当明确主办部门。紧急公文应当明确办理时限。承办部门对交办的公文应当及时办理，有明确办理时限要求的应当在规定时限内办理完毕。

（五）传阅。根据领导批示和工作需要将公文及时送传阅对象阅知或者批示。办理公文传阅应当随时掌握公文去向，不得漏传、误传、延误。

（六）催办。及时了解掌握公文的办理进展情况，督促承办部门按期办结。紧急公文或者重要公文应当由专人负责催办。

（七）答复。公文的办理结果应当及时答复来文单位，并根据需要告知相关单位。

第二十五条 发文办理主要程序是：

（一）复核。已经发文机关负责人签批的公文，印发前应当对公文的审批手续、内容、文种、格式等进行复核；需作实质性修改的，应当报原签批人复审。

（二）登记。对复核后的公文，应当确定发文字号、分送范围和印制份数并详细记载。

（三）印制。公文印制必须确保质量和时效。涉密公文应当在符合保密要求的场所印制。

（四）核发。公文印制完毕，应当对公文的文字、格式和印刷质量进行检查后分发。

第二十六条 涉密公文应当通过机要交通、邮政机要通信、城市机要文件交换站或者收发件机关机要收发人员进行传递，通过密码电报或者符合国家保密规定的计算机信息系统进行传输。

第二十七条 需要归档的公文及有关材料，应当根据有关档案法律法规以及机关档案管理规定，及时收集齐全、整理归档。两个以上机关联合办理的公文，原件由主办机关归档，相关机关保存复制件。机关负责人兼任其他机关职务的，在履行所兼职务过程中形成的公文，由其兼职机关归档。

第七章　公文管理

第二十八条 各级党政机关应当建立健全本机关公文管理制度，确保管理严格规范，充分发挥公文效用。

第二十九条 党政机关公文由文秘部门或者专人统一管理。设立党委（党组）的县级以上单位应当建立机要保密室和机要阅文室，并按照有关保密规定配备工作人员和必要的安全保密设施设备。

第三十条 公文确定密级前，应当按照拟定的密级先行采取保密措施。确定密级后，应当按照所定密级严格管理。绝密级公文应当由专人管理。

公文的密级需要变更或者解除的，由原确定密级的机关或者其上级机关决定。

第三十一条 公文的印发传达范围应当按照发文机关的要求执行；需要变更的，应当经发文机关批准。

涉密公文公开发布前应当履行解密程序。公开发布的时间、形式和渠道,由发文机关确定。

经批准公开发布的公文,同发文机关正式印发的公文具有同等效力。

第三十二条 复制、汇编机密级、秘密级公文,应当符合有关规定并经本机关负责人批准。绝密级公文一般不得复制、汇编,确有工作需要的,应当经发文机关或者其上级机关批准。复制、汇编的公文视同原件管理。

复制件应当加盖复制机关戳记。翻印件应当注明翻印的机关名称、日期。汇编本的密级按照编入公文的最高密级标注。

第三十三条 公文的撤销和废止,由发文机关、上级机关或者权力机关根据职权范围和有关法律法规决定。公文被撤销的,视为自始无效;公文被废止的,视为自废止之日起失效。

第三十四条 涉密公文应当按照发文机关的要求和有关规定进行清退或者销毁。

第三十五条 不具备归档和保存价值的公文,经批准后可以销毁。销毁涉密公文必须严格按照有关规定履行审批登记手续,确保不丢失、不漏销。个人不得私自销毁、留存涉密公文。

第三十六条 机关合并时,全部公文应当随之合并管理;机关撤销时,需要归档的公文经整理后按照有关规定移交档案管理部门。

工作人员离岗离职时,所在机关应当督促其将暂存、借用的公文按照有关规定移交、清退。

第三十七条 新设立的机关应当向本级党委、政府的办公厅(室)提出发文立户申请。经审查符合条件的,列为发文单位,机关合并或者撤销时,相应进行调整。

第八章 附则

第三十八条 党政机关公文含电子公文。电子公文处理工作的具体办法另行制定。

第三十九条 法规、规章方面的公文,依照有关规定处理。外事方面的公文,依照外事主管部门的有关规定处理。

第四十条 其他机关和单位的公文处理工作,可以参照本条例执行。

第四十一条 本条例由中共中央办公厅、国务院办公厅负责解释。

第四十二条 本条例自 2012 年 7 月 1 日起施行。1996 年 5 月 3 日中共中央办公厅发布的《中国共产党机关公文处理条例》和 2000 年 8 月 24 日国务院发布的《国家行政机关公文处理办法》停止执行。

参考文献

［1］张保忠.党政公文写作规范技巧范例全书.北京:研究出版社,2012.

［2］徐成华,孙维,房庆,等.《党政机关公文格式》国家标准应用指南.北京:中国质检出版社,2012.

［3］郝立新.应用文写作.北京:清华大学出版社,2012.

［4］裴显生.应用写作.3 版.北京:高等教育出版社,2010.

［5］李星.新编公文写作全能一本通:格式、技巧与范例大全.北京:人民邮电出版社,2018.

［6］蔡亚兰.最新公文写作实用大全.北京:中国华侨出版社,2010.

［7］韩小伟.公文写作格式与范例大全.北京:中国言实出版社,2017.

［8］段轩如.写作学教程.4 版.北京:中国人民大学出版社,2014.

［9］高永贵.公文写作与处理考试教程.北京:北京大学出版社,2016.

［10］韦燕宁.新编经济应用文写作教程.天津:南开大学出版社,2013.